わくわくほっこり

二十四節気を楽しむ図鑑

君野倫子

二見書房

はじめに

ここ七年ほど、日本と海外とを行ったり来たりしています。

海外に誇れる日本の文化はたくさんありますが、私が考える日本の魅力は、やはり四季があることだと思っています。世界に四季のある国はたくさんありますが、日本にはさらに、二十四節気《にじゅうしせっき》・七十二候《しちじゅうにこう》という季節まであります。

日本の、折々の住まい、お料理、室礼、衣類、色彩、道具、言葉、心配り、自然への感謝、その美意識と繊細さといったら、どこにも負けないものがあると思うのです。

また、その行事、風物詩、暦には、それぞれにまつわる道具や楽しめる雑貨、食べ物やお菓子などがあります。この本では、折々の季節の中で育まれ伝わってきた、素晴らしい日本の道具や雑貨、和菓子などもたくさんご紹介しています。


節分、ひな祭り、七夕、お月見など、子供のための行事と思われがちの昨今。旬のものをいただき、季節の行事やお祭りに込められた願いや本来の意味を見直し、それにまつわる道具や雑貨、和菓子などに、心豊かにほっこりしていただけたら幸いです。

君野倫子

「二十四節気」とは、1年を太陽の動きに合わせて24に分け、それぞれに漢字2文字の名前をつけて季節を表したもので、古代中国で生まれました。月の満ち欠けで1か月を決めていた旧暦（太陰太陽暦）では、暦と季節にずれが生じてしまいます。二十四節気は、そのずれを調整して、田植えや収穫などの農作業の目安とされました。現代でも、細やかな季節の移り変わりを感じる大切な目安となっています。

本書の見方

二十四節気の紹介ページです。二十四節気の日付は年によって一日程度前後することがあります。

その時季の行事、暮らしの提案、おすすめの道具などを紹介しているページです。行事のいわれなどは諸説あるものも多く、また地域によっても違いがある場合があることをあらかじめご了承ください。

行事

左)「野あそび」「青待草」「ぼたん」という、ちょっと懐かしいデザイン、でも新しい可愛い茶筒。【星燈社】
右)400年の歴史のある岩手県の伝統工芸品、南部鉄器。なかでも海外で絶大な人気を誇るポップなカラーポット。(私物)

八十八夜

「夏も近づく八十八夜～」と歌われたように、八十八夜とは立春から数えて八十八日目の五月二日頃のこと。春から初夏へ移り変わる節目で、夏仕度の吉日ともいわれます。

新茶

この頃に一番茶(新茶)を収穫します。一番茶は二番茶以降のお茶よりも、うま味成分であるテアニンを豊富に含んでいます。

八十八夜に摘まれた上等な新茶は、不老長寿の縁起物として親しまれてきました。

石川県を代表する伝統工芸、九谷焼。長右衛門窯(ちょうえもんがま)が60年以上描き続けているモチーフ「笛吹」が、サクソホーンを吹いたり、ラジカセを担いだり、スケボーに乗ったりと遊び心満点の湯呑み。【上出長右衛門窯】

外でお茶をたてる野点(のだて)も風情があってよいもの。ポットと野点セットを持ってお出かけしたい。(私物)

23

穀雨《こくう》

四月二十日頃

春雨がすべての穀物、百穀を潤す頃。

寒かったり暑かったりと変化の多い気候が少し落ち着いてきて、農作業の種まきに最適な時期を迎えます。

穀雨のあとには、気温が上がっていき、初夏を迎えます。

旬のもの
鯛
さざえ
わかめ
よもぎ

草木や生き物
牡丹
つつじ
チューリップ

季節の言葉
八十八夜の別れ霜
▼八十八夜の頃までは急に冷えこんで霜が降りることがあると警戒した言葉です

七十二候
四月二十日～二十四日頃
葭始生(あしはじめてしょうず)
四月二十五日～二十九日頃
霜止出苗(しもやんでなえいず)
四月三十日～五月四日頃
牡丹華(ぼたんはなさく)

平安時代には朝廷への貢ぎ物として、江戸時代には将軍家への献上品として、鯛は特別な魚でした。種類によって2～5月くらいまで美味しくいただけます。

市松の地模様にアンティークのチューリップ花束を復刻した、あでやかな名古屋帯。見ているだけでも、うきうきと楽しくなってきます。【はきもの・きもの 弥生】

3～5月に出る若芽を摘んで、草団子や草餅に使われるよもぎ。造血、浄血、デトックス効果が期待できる身近な薬草でもあり、お灸の材料のもぐさの原料でもあります。

24

旬のもの、草木や生き物はおおよその目安で紹介しています。

二十四節気をさらに三つずつに分けて七十二にした「七十二候」の紹介です。日付は年によって少し前後することがあります。

写真キャプションの【　】内はメーカーや取り扱いショップの名前です。本書の情報は二〇一八年一月現在のものです。

もくじ

秋

冬

春

うららかな陽の光が差しこみ、
眠っていた草花が芽吹き、
鳥たちが歌いだす季節です。

春の色

桜色
紅梅色
菜の花色
若葉色
勿忘草《わすれなぐさ》色

春の季語

【水温《みずぬる》む】
寒さがゆるみ、川や池の水が少しずつ温かさを感じられるようになります。

春の句

春の海終日《ひねもす》のたりのたりかな
与謝蕪村

春の着物

ミントグリーンの水玉地紋の色無地の着物に、色とりどりの花が咲き乱れる刺繍帯はアンティーク帯の復刻版。爽やかで、春のウキウキ感が伝わってくるコーディネートです。

【トリエ】

立春《りっしゅん》

二月四日頃

旧暦では、春の始まりであり、一年の始まり。
まだ寒さ厳しい頃ですが、ほのかに春の兆しが感じられ始めます。
この日から立夏の前日までが暦の上では春。
八十八夜や二百十日などは、この日から起算します。

旬のもの

しらうお
ふきのとう
小松菜
伊予柑《いよかん》

草木や生き物

梅
めじろ
うぐいす

季節の言葉

東風《こち》
▼春に吹く東からの風。かつて春は東風に乗って訪れると考えられていました

七十二候

二月四日〜八日頃
東風解凍（はるかぜこおりをとく）

二月九日〜十三日頃
黄鶯睍睆（うぐいすなく）

二月十四日〜十八日頃
魚上氷（うおこおりにのぼる）

雪が解け始める頃、いっせいに芽を出し、春を告げる山菜、ふきのとう。独特の香りとさわやかな苦味。春を感じながら、天ぷらや和え物などで楽しみたいです。

目のまわりの白い縁取りが特徴のめじろ。梅の木に止まるうぐいすの姿に春を感じるイメージは、実はめじろで、うぐいすは警戒心が強く、声が聞こえても姿はほとんど見られないそうです。

2月14日はバレンタインデー。兵士の結婚が禁止されていた古代ローマで、密かに手を貸し結婚させていたバレンタイン司教の処刑日が、愛の誓いの日として広まったそうです。

立春《りっしゅん》

二月四日頃、二十四節気の最初の節。旧暦では、人々が生活を営むうえでの一年の始まりは立春からと考えられていました。

◎立春朝搾り

江戸時代より寒い時期に造ったほうがよいお酒ができるとされ、特に立春当日の早朝、最高の状態で搾った生原酒を「立春朝搾り」といいます。

立春朝搾りは神社でお祓いし、無病息災、家内安全、商売繁盛を祈願します。【日本名門酒会】

日本名門酒会に加盟する全国の約四十の蔵から、その日のうちに届けられる縁起酒です。

◎立春生菓子

立春の朝に作った餅、団子、大福などの生菓子を、その日のうちに食べると縁起がよいといわれています。

うぐいす餅やさくら餅など、春を感じながらいただきたい。

あんこを求肥（ぎゅうひ）などでくるんで、うぐいすのような形に丸めたうぐいす餅。青大豆から作る青きな粉をまぶして、うぐいすの羽の色を表現しています。

◎立春大吉

新しい一年のスタートである立春の早朝、厄除《やくよ》けの意を込めて、禅寺の入口に「立春大吉」と書いた紙札を貼る習慣があります。

「立春大吉」の文字は左右対称で、表から見ても裏から見ても同じ。昔、立春大吉のお札を貼った家に鬼が入ってきましたが、振り返ったときに同じ文字が見えたので、まだ入っていないと勘違いをして逆戻りをして出ていったとか。そこから、厄除けの言葉として使われるようになったとの説があるそうです。

2月1日のみ販売される【赤福】の「立春大吉餅」。黒大豆と大豆を使った2種類の豆大福です。立春前日の節分の日には、新しい年の健康を祈って黒豆を食べる風習がありました。

行事

針供養《はりくよう》

着物の時代、裁縫は女性の大切な仕事でした。折れた針や使い古した針の労をねぎらい、感謝の気持ちを込めて豆腐やこんにゃくに刺し、神社で供養・奉納などをして、裁縫の上達を祈りました。

いつも硬いものばかりに刺して使っていた針に、最後はやわらかいところで休んでいただくという気持ちを表し、豆腐やこんにゃくに刺すのだそうです。

◎事八日《ことようか》

針供養は東日本では二月八日、西日本では十二月八日に行われることが多いようです。

古来この両日を合わせて「事八日」と呼び、どちらかを「事始め」、もう一方を「事納め」として、一年の農作業を始めたり終えたりする日とされていました。この日は農作業や針仕事も慎む日とされ、使えなくなった針を供養するようになったそうです。

文政２年、江戸時代より続く京都の針屋さん「みすや針」の裁縫箱。華やかな京友禅の着物柄に、お裁縫に必要な１４種類の道具が揃っています。【みすや忠兵衛】

初午《はつうま》

二月の最初の午の日や、農作業が始まる旧暦二月に行われる、五穀豊穣、商売繁昌などを祈願する行事です。

全国の稲荷神社で盛大にお祭りが行われます。全国に三万社以上といわれる稲荷神社の総本宮・伏見稲荷大社《ふしみいなりたいしゃ》（京都）の初午大祭は特に有名です。

◎おいなりさん

稲がなることから豊作を祈って稲荷神社を参拝する習慣が生まれ、稲荷神の使いであるきつねの好物、油揚げやおいなりさんを奉納するようになったとか。

◎初午団子

初午の日は、蚕の神様を祀る日でもありました。蚕が育つよう願って、白い繭玉《まゆだま》に似せた団子を作り、神様にお供えする習慣があります。

伏見稲荷大社の楼門。

いなり寿司というより「おいなりさん」と呼ぶほうがしっくりきます。おいなりさんは、東日本では、米俵に見立てた俵型（写真右側）、西日本ではきつねの耳にちなんで三角型（左側）が一般的。

梅の咲く頃に使いたい小物たち。
右は、可愛い梅尽くしのマスキングテープ。【ラウンドトップ】
真ん中は、家紋にもある匂い梅の懐紙。（私物）
左は、ふんわり梅が浮かび上がる懐紙「梅あられ」。【辻徳】

初音《はつね》と梅《うめ》

◎初音

古来、日本人はその季節に初めて聞く鳥や虫の鳴き声を愛でる習慣がありました。特にうぐいすは「春告鳥《はるつげどり》」と呼ばれ、その声は春の到来を感じさせます。

昔から「梅にうぐいす」といわれるのは、梅の花の蜜に寄ってくるから。立春の頃には心もとない声も、季節が深まるにしたがって美しく伸びやかな声となっていきます。

◎梅

長い冬を耐え忍び、香り高く美しい花を咲かせる梅。熟した実は梅干しや梅酒に、未熟な実は乾燥させて薬にもなることから、健康長寿によい縁起のよい花木としても愛されてきました。

万葉集には梅に関する百首以上の歌が詠まれ、桜より多いそう。松竹梅の一つとして、特にお正月には着物、生花、掛け軸などおめでたい席に登場します。

梅見は、太宰府天満宮《だざいふてんまんぐう》（福岡）、北野天満宮（京都）、湯島天満宮（東京）など、各地の天神様が有名です。

「梅にうぐいす」の刺繍の帯留め。梅とうぐいすは取り合わせがよく、美しく調和するもののたとえとしても使われます。【和風館 ICHI】

雨水《うすい》

二月十九日頃

雪が雨になり、寒さがゆるみ、深く積もった雪や氷が解けて水になっていく頃。春に向かっていく節目の時期です。

春一番が吹き、じょじょに暖かくなっていきます。

雨水の期間の最初の日にお雛様を飾ると、良縁に恵まれるともいわれています。

旬のもの

はまぐり
むつ
春キャベツ
からし菜

草木や生き物

ねこやなぎ
菜の花
ひばり

季節の言葉

春一番

▼立春をすぎて、その年に初めて吹く強い南風。春二番、春三番と続きます

七十二候

二月十九日～二十三日頃
土脉潤起（どみゃくうるおいおこる）

二月二十四日～二十八日頃
霞始靆（かすみはじめてたなびく）

三月一日～五日頃
草木萌動（そうもくもえいずる）

菜の花は、菜種油を灯火用として使うようになってから、江戸～明治にかけて盛んに栽培されるように。黄色いじゅうたんのような菜の花畑も可愛いですが、辛子和えも好きです。

対の貝殻でないとぴったり合わないことから、夫婦円満を表す縁起のよい貝、はまぐり。桃の節句には、貝殻で平安時代から伝わる遊び・貝合わせをし、お吸い物をいただきます。こちらは、p14でご紹介している【みかわ工房】の雛人形の貝合わせ。

桃《もも》の節句《せっく》

五節句の一つ。もともと平安時代に中国より伝わり、草木や藁《わら》で作った人形に自分の身体の穢《けが》れや災厄を移して川に流す「流し雛《びな》」という行事がルーツだそうです。

雛人形を祀り厄除《やくよ》け祈願をする「上巳《じょうし》の節句」と宮中の女の子の「雛遊び」などが発展し、江戸時代、幕府に正式に三月三日が「桃の節句」と制定されました。

旧暦三月三日頃は桃が咲く時期で、桃は邪気を払い縁起がよいとされています。雛人形は立春～二月中旬あたりまでに飾りたいものです。

雛祭りに欠かせない菱餅。一般的に緑・白・ピンクの３色で、緑は「健康・厄除け」、白は「清浄・子孫繁栄」、ピンクは「魔除け」の意味があるそうです。

内裏雛（だいりびな）は３cm、雛壇は 11×11×17cm、全体でも幅 38cm の手作り雛人形。ミニチュアながら、昭和の蒔絵箪笥（まきえだんす）、きちんと開く長持ち、屏風も貝合わせも手描きという贅沢さです。【みかわ工房】

啓蟄

三月六日頃

けいちつ

冬ごもりしていた虫が、暖かさに誘われて地表に出てくる時期です。

店先には山菜が並び始め、ひと雨ごとに春が近づいてきます。

天気のいい日を見つけて、早めにお雛様を片付けましょう。

旬のもの

鰆《さわら》
新玉ねぎ
わらび

草木や生き物

桃
すみれ
かわらひわ

季節の言葉

十六団子《じゅうろくだんご》の日

▼三月十六日は山から田の神様が下りてくる日。団子を十六個作ってお迎えします

七十二候

三月六日〜十日頃
蟄虫啓戸（すごもりのむしとをひらく）

三月十一日〜十五日頃
桃始笑（ももはじめてわらう）

三月十六日〜二十日頃
菜虫化蝶（なむしちょうとかす）

リアルさが可愛い、清水焼でできた箸置き。わらび、よもぎ、ぜんまい、つくし、たけのこ……春の山菜の独特の苦味までもが伝わってくるようです。【銀葉】

春のご挨拶の手紙にしのばせたい文香（ふみこう）。 白壇（びゃくだん）、桂皮（けいひ）、丁字（ちょうじ）などの天然の香木がほのかに香ります。【めでたや】

アンティークの着物にアクセサリーなどを合わせた、現代風のコーディネートで卒業式に。希望に満ちた笑顔がまぶしい。

卒業式《そつぎょうしき》

卒業式シーズンには、女子学生の袴姿をよく見かけます。

卒業式の袴というと、娘の小学校のことを思い出します。本人の希望で袴を着せ、母娘で着物で出席したのは忘れられない思い出です。

そもそも、女性が袴を着るようになったのは明治以降。洋装が入ってきて、女性の社会進出が進み、活動的に外に出るようになったことがきっかけでした。

やがて、洋風のヘアスタイルに大きなリボン、股が分かれていないスカートタイプの袴にブーツといったスタイルが、女子学生の定番になっていきました。

この写真は、カリフォルニアの日本語補習校高等部の学生さんたち。卒業式には日本のかつての女子学生の礼装でという希望があり、毎年、着付けのお手伝いをしています。

春分

しゅんぶん

三月二十一日頃

太陽は真東から出て真西に沈み、昼と夜の長さがほぼ等しくなります。

この日から夏至まで昼が少しずつ長くなり、夜が短くなっていきます。

春分の日を中日《ちゅうにち》として前後三日ずつの七日間が「春のお彼岸」となります。

旬のもの

ほたて貝
パセリ
デコポン

草木や生き物

桜
木蓮《もくれん》
たんぽぽ
もんしろちょう

季節の言葉

春霖《しゅんりん》

▼三月から四月にかけて降る春の長雨のこと

七十二候

三月二十一日～二十五日頃
雀始巣（すずめはじめてすくう）

三月二十六日～三十日頃
桜始開（さくらはじめてひらく）

三月三十一日～四月四日頃
雷乃発声（かみなりすなわちこえをはっす）

木蓮の開花は３月下旬～４月上旬、花の見頃はたった３日程度です。つぼみの先が北の方向を向いていて、コンパスプラント（方向指標植物）の一つです。

手ぬぐい生地で作られた「Musubi-Tie-Pin」を、春になってひらひらと舞い始める蝶に見立てて。柄の取り位置により同じものはほかにない一点ものです。【にじゆら】

たんぽぽは、茎の両端を裂くと反り返って鼓に似た形になることから、江戸時代には「鼓草（つづみぐさ）」と呼ばれ、鼓を叩く「タン」「ポン」という音が語源になっている説があるそうです。

春のお彼岸にはぼた餅、秋にはおはぎをお供えするのが一般的。とはいえ、ぼた餅とおはぎは同じもの。ぼた餅は春の牡丹の季節に食べ、おはぎは秋の萩の季節に食べることから、そう呼ばれます。

春《はる》のお彼岸《ひがん》

「暑さ寒さも彼岸まで」といわれるように、お彼岸は季節の変わり目。

単に「お彼岸」というと春のお彼岸をいい、秋（九月）のお彼岸は「秋彼岸」といわれます。春のお彼岸は、三月二十一日頃の春分の日を中日《ちゅうにち》として、前後三日間を合わせた七日間です。

◎彼岸とは

「彼岸」とは、極楽浄土の意味です。仏教では極楽浄土は西にあると考えられ、春分も秋分も太陽が真西に沈み極楽ともっとも通じやすいことから、この日に先祖供養をするようになりました。

彼岸入りの前には仏壇をきれいに掃除し、期間中、朝晩ろうそくを灯し、お線香をあげます。

普段なかなかお手入れができないお墓のお掃除も念入りにして、お花とお線香を備えてお参りをします。

お彼岸のお供えには、蓮や菊、果物などを模した落雁（らくがん）も使われます。

お花見《はなみ》

三月になり、桜前線が南から北へ駆け抜けていく間は、桜が満開になるタイミングが気になります。お花見は、日本人にとっては欠かせない春の行事です。

桜で花見をするのは、世界でも日本ぐらいだそうです。こんなに桜に惹かれるのは、花の散り際の儚《はかな》さ、潔さに心震わす日本人独特の感性なのかもしれません。

◎お花見の歴史

もともと桜の木には神が鎮座するといわれ、花を愛でる風習が始まったのは奈良時代。当時は花見といえば梅でした。

平安時代に貴族の間で桜ブームが巻き起こり、桜の木の下で歌を詠む優雅な花見が行われました。

鎌倉時代には武家にも広まりました。特に豊臣秀吉が開催した、京都「醍醐《だいご》の花見」、奈良「吉野山の花見」は有名です。大勢の招待客を招いての豪華絢爛《けんらん》な宴で、現在のように花見に酒宴をするようになったきっかけといわれています。

そして、庶民の生活に花見が定着したのは江戸時代。娯楽が少なかった時代、お弁当とお酒を持って桜を愛でる宴は春の風物詩となっていきました。

桜といえば染井吉野（そめいよしの）。ほかにも、枝垂桜（しだれざくら）、八重桜、寒桜などの種類があります。

桜《さくら》を使《つか》って

花を愛でることはもちろん、花や実を食す、木を家具などに、樹皮を細工物や燃料になど、桜は生活のさまざまな面でかかわりの深い花木です。

自然から生まれる美しい色と透明感の「桜染　絹二重羽衣スカーフ」。桜だけで桜色に染めることに、日本で初めて成功した【工房夢細工】のもの。

◎桜皮細工

山桜の樹皮を使い、独特の技法で磨き上げて美しい光沢を出した桜皮細工は、古くから伝わる伝統工芸品。桜皮を使った茶筒は密封性が高く湿気を防ぐので、日本茶や紅茶の保存に最適です。

◎桜染め

桜の花びらで優しい桜色を染め出すのは簡単なことではありません。あの美しい色は、花が咲く前の小枝の中に潜んでいるそうです。桜染めで一番難しいのは、その小枝を見つけること。とても手間ひまのかかるものなのです。

◎桜の色、桜のカタチ

世界で販売する商品も、日本だけには限定カラーとしてピンクが加えられるという話を聞いたことがあります。

桜の色とカタチを見るだけで、笑顔になってしまいます。

山桜の樹皮の自然のままの表情が楽しめる茶筒と茶さじ。【藤木伝四郎商店】

優しい桜色の「サクラサクグラス」は、底面が桜のカタチ。【cosha】

お醤油を注ぐと桜のカタチが浮かび上がる「さくら小皿」は、小皿と箸置きのセット。【Age Design】

清明

四月五日頃

せいめい

清明とは「清浄明潔《しょうじょうめいけつ》」という言葉に由来し、春の生き生きとした清らかな様子を表す言葉です。

桜の花が咲き乱れ、南の国からつばめが渡ってくる頃です。

南東から春の暖かい風「清明風《せいめいふう》」が吹き始めます。

旬のもの

めばる
桜えび
みつば
にら

草木や生き物

すみれ
れんげ
つばめ

季節の言葉

花祭り
▼四月八日に全国のお寺で行われる、お釈迦《しゃか》様の誕生を祝う行事。灌仏会《かんぶつえ》とも

七十二候

四月五日～九日頃
玄鳥至（つばめきたる）

四月十日～十四日頃
鴻雁北（こうがんかえる）

四月十五日～十九日頃
虹始めて見る（にじはじめてあらわる）

つばめは、暖かい地を求めて１日に 300km も飛ぶそう。こちらは、全身につばめが飛び交う「セオα洗える着物」。動きのある素敵な柄行きが映える季節です。【トリエ】

関東風の桜餅「長命寺」はクレープ状の皮であんこを包み、関西風の「道明寺」は道明寺粉を使ってあんこを包みます。桜の葉のしょっぱさとあんこの甘さが絶妙です。

４月８日のお釈迦様の誕生日に、仏様の姿を紙に写す「写仏」をするのもよいものです。

十三詣《じゅうさんまい》り

生まれ年の干支《えと》が初めて回ってくる数え年の十三歳は、心身ともに大人に変化する重要な節目とされていました。

十三詣りは、数え年で十三歳になった男女が健やかに成長したことに感謝し、福徳と知恵を授かるために虚空蔵菩《こくぞうぼ》薩《さつ》にお参りする行事です。

特に女の子は人生最初の厄年に当たるため、厄払いも兼ねています。

本来は、虚空蔵菩薩の縁日である四月十三日頃（旧暦三月十三日）にお参りすることとされていました。

◎奉納文字

お参りの際、自分が授かりたいものを漢字一文字で書いて祈禱してもらいます。

◎本裁ちの着物

男の子は羽織袴、女の子は振袖を着ます。この日初めて、本裁ち（大人の寸法）着物を肩あげしたものを着て、帰宅したら肩あげしていた糸をほどくのが正式な儀礼です。

おばあちゃんのお下がりをお手入れし、仕立て直してもらった着物で十三詣りです。

右は、大館曲げわっぱのお弁当箱。細かな年輪が生み出す独特の美しさと自然色の明るい木目、強靭さ、香りが特長。【みよし漆器本舗】
左は、青竹の網目が美しく、使いこむうちに飴色に変化していく「特選青竹弁当箱」。【かごや】

お弁当箱《べんとうばこ》

この時期、お弁当作りを始めよう！と思う方も多いはず。毎日続けるのは大変だからこそ、テンションが上がるお弁当箱選びにはこだわりたい。日本には伝統の知恵が凝縮された、機能的で美しいお弁当箱がたくさんあります。

私は娘が小学校から高校までの十二年間、お弁当を作りました。渋好みの娘が使い続けたお弁当箱は、曲げわっぱでした。お弁当は、親子や夫婦の間をつなぐ糸のようなものだな、と今では懐かしく思い出されます。

輪島漆器木地のために長年落ち着かせてきたヒノキアスナロのお弁当箱「あすなろのBENTO-BAKO」。すがすがしい芳香に、殺菌作用もあります。【輪島キリモト】

お弁当は手ぬぐいで包むと、ナプキン代わりにも使えてよい感じ。

穀雨

こくう

四月二十日頃

春雨がすべての穀物、百穀を潤《うるお》す頃。

寒かったり暑かったりと変化の多い気候が少し落ち着いてきて、農作業の種まきに最適な時期を迎えます。

穀雨のあとには、気温が上がっていき、初夏を迎えます。

旬のもの

鯛
さざえ
わかめ
よもぎ

草木や生き物

牡丹
つつじ
チューリップ

季節の言葉

八十八夜の別れ霜

▼八十八夜の頃までは急に冷えこんで霜が降りることがあると警戒した言葉です

七十二候

四月二十日〜二十四日頃
葭始生（あしはじめてしょうず）

四月二十五日〜二十九日頃
霜止出苗（しもやんでなえいず）

四月三十日〜五月四日頃
牡丹華（ぼたんはなさく）

平安時代には朝廷への貢ぎ物として、江戸時代には将軍家への献上品として、鯛は特別な魚でした。種類によって2〜5月くらいまで美味しくいただけます。

市松の地模様にアンティークのチューリップ花束を復刻した、あでやかな名古屋帯。見ているだけでも、うきうきと楽しくなってきます。【はきもの・きもの 弥生】

3〜5月に出る若芽を摘んで、草団子や草餅に使われるよもぎ。造血、浄血、デトックス効果が期待できる身近な薬草でもあり、お灸の材料のもぐさの原料でもあります。

左は、「野あそび」「宵待草」「ぼたん」という、ちょっと懐かしいデザイン、でも新しい可愛い茶筒。【星燈社】右は、400年の歴史のある岩手県の伝統工芸品、南部鉄器。なかでも海外で絶大な人気を誇るポップなカラーポット。（私物）

八十八夜《はちじゅうはちや》

「夏も近づく八十八夜～」と歌われたように、八十八夜とは立春から数えて八十八日目の五月二日頃のこと。春から初夏へ移り変わる節目で、夏仕度の吉日ともいわれます。

◎新茶

この頃に一番茶（新茶）を収穫します。一番茶は二番茶以降のお茶よりも、うま味成分であるテアニンを豊富に含んでいます。

八十八夜に摘まれた上等な新茶は、不老長寿の縁起物として親しまれてきました。

石川県を代表する伝統工芸、九谷焼。長右衛門窯（ちょうえもんがま）が60年以上描き続けているモチーフ「笛吹」が、サクソホーンを吹いたり、ラジカセを担いだり、スケボーに乗ったりと遊び心満点の湯呑み。【上出長右衛門窯】

外でお茶をたてる野点（のだて）も風情があってよいもの。ポットと野点セットを持ってお出かけしたい。（私物）

夏

青い空、白い雲、太陽の日差し、鮮やかな新緑。力強いエネルギーが感じられる季節です。

夏の色

薄浅葱《うすあさぎ》色
若竹色
露草《つゆくさ》色
萱草《かんぞう》色
珊瑚《さんご》色

夏の季語

【雲の峰】
夏空に、天に向かってそびえ立つ真っ白な入道雲のことです。

夏の句

一点の偽りもなく青田あり
山口誓子

夏の着物

切子グラスを覗いているかのような、目に鮮やかな雪花絞りの綿麻浴衣。藍色が夏らしい。麻地に大きくたっぷりと刺繍された金魚の八寸名古屋帯が、レトロな雰囲気も醸し出します。【トリエ】

立夏《りっか》

五月五日頃

夏の始まり。

この日から立秋の前日までが、暦の上での夏です。梅雨の前の新緑の美しい時期、お出かけが楽しい季節です。

ちょうどゴールデンウィーク後半、端午《たんご》の節句の頃です。

旬のもの

鰹《かつお》

たけのこ

にんじん

そら豆

いちご

草木や生き物

ひなげし

藤

蛙

季節の言葉

風薫る

▼初夏の若葉の上をさわやかな風が吹き渡る様子

七十二候

蛙始鳴（かえるはじめてなく）

五月五日～十日頃

蚯蚓出（みみずいずる）

五月十一日～十五日頃

竹笋生（たけのこしょうず）

五月十六日～二十日頃

江戸末期にオランダから持ちこまれたいちご。当時は「オランダいちご」と呼ばれたそう。旬は4～5月。いろいろな食べ方がありますが、私はいちご大福が好きです。

春から初夏にかけて、黒潮にのって太平洋を北上する鰹が初鰹。初物が大好きな江戸っ子に好まれ、「初鰹は女房子供を質に入れても食え」といわれるほどでした。

しゃりっとした歯ごたえと芳ばしい風味のたけのこご飯。竹は成長が早く、10日（＝旬）で竹に成長することから、竹に旬という漢字になったそう。竹の新芽なので、たけのこ。

張子で作られた「和紙皐月飾り鯉のぼり『風』」。気軽に飾れるサイズがうれしい。【和敬静寂】

縁起のよい柏の葉でくるんだ柏餅。柏は新芽が出るまで古い葉が散らないことから、跡継ぎが途絶えない＝子孫繁栄の縁起のよい木とされています。

端午《たんご》の節句《せっく》

五月五日は「端午の節句」。男の子の成長をお祝いする、奈良時代から続く風習です。

鯉のぼりや五月人形を飾り、柏餅やちまきを食べ、菖蒲湯《しょうぶゆ》に入って厄を落とします。

「鯉の滝登り」という中国の故事に由来して、鯉は子供の立身出世の象徴。端午の節句に男の子の出世と健康を願って、鯉のぼりを飾るようになったそうです。

行事

母《はは》の日《ひ》

五月第二日曜日は母の日。由来は諸説ありますが、百年ほど前にアメリカでアンナという女性が母を追悼したのがきっかけといわれています。このとき、参加者に白いカーネーションを配ったそうです。

日本では昭和以降、森永製菓が「母の日大会」として告知してから一般に浸透していきました。

暮らし

潮《しお》干《ひ》狩《が》り

旧暦の雛祭りの日に海辺で貝を拾う「磯遊び」の風習が、のちに潮干狩りになったともいわれます。暖かくなってくる三月下旬に始まり、よく採れるのが四～六月です。

私が生まれた三重県は、長い海岸線を持ち、潮干狩りスポットがあります。春の遠足で、友達と競って採ったことを思い出します。

日頃の感謝を込めて、カーネーションをかたどった繊細な和菓子を母に。赤・ピンクのカーネーションの花言葉は「愛情」「感謝」。

注染の美しい色で、複雑な浅蜊(あさり)の貝殻の模様が描き分けられている手ぬぐい。潮干狩りに持っていきたい。【あひろ屋】

小満

しょうまん

五月二十一日頃

陽気がよくなり、草木が次第に生い茂り、万物の成長する気が満ち始めます。
木々の葉が色濃くなっていきます。
西日本では、本格的な梅雨に入る前のぐずつく「走り梅雨」に入ります。

旬のもの

きす
しそ
新じゃがいも
さくらんぼ

草木や生き物

ばら
紅花《べにばな》
しじゅうから

季節の言葉

麦秋《ばくしゅう》
▼麦が実り収穫を迎えた、初夏のこの時期のこと。「秋」は実りの時期の意味

七十二候

五月二十一日～二十五日頃
蚕起桑食（かいこおきてくわをくう）

五月二十六日～三十日頃
紅花栄（べにばなさかう）

五月三十一日～六月五日頃
麦秋至（ばくしゅういたる）

貴重な紅色の染料として、また漢方の材料として、古くから活用されてきた紅花。6～7月頃に咲く花は、初めは鮮やかな黄色、だんだん赤っぽく変わります。別名「末摘花（すえつむはな）」。

アメリカのアンティークフリーマーケットで見つけた、アメリカンビンテージのばらのブローチ。レトロで揺れるパールが可愛くて、着物との相性も抜群。帯留めとしても使います。

桜の実という意味の「桜の坊」から「さくらんぼ」に。正式には「桜桃」といいます。5月下旬～7月頃までが旬。美味しさもさることながら、愛らしい見た目がたまりません。

行事

氷《こおり》の朔日《ついたち》

旧暦で六月一日のことを「氷の朔日」と呼び、江戸時代には氷を将軍に献上する日でした。

冷蔵庫のない時代、氷は庶民には手の届かない貴重なものでした。この日に宮中では、冬の間にできた自然の氷を取り寄せ、暑気払い、邪気払いをしました。

氷の日にちなんで「氷室（ひむろ）」を。琥珀糖（こはくとう）とも呼ばれる透明感のある夏の和菓子。

行事

衣《ころも》替《が》え

衣替えは中国から伝わった習わし。江戸時代、武家社会では、気候に合わせて年四回、衣替えをするように定められました。明治以降、六月一日、十月一日が衣替えの日と制定されました。

現在は冷暖房が完備され、衣替えを実感する機会が減ってしまいましたが、学校や制服のある会社では、六月と十月が目安となっています。

着物は、十月から五月までは裏地のある袷《あわせ》、六月と九月は単衣《ひとえ》、七、八月は夏物と、洋服より衣替えがはっきりしています。着物の重さが違うので、肌で季節を感じることができます。

衣類に優しい天然の「防虫くすのき」は、衣替え時におすすめ。別売りの「くすのき油」を染みこませて使うことで、くすのきの消臭・防虫効果をより発揮することができます。【中川政七商店】

さりげなく香りを移すことができるのが、袖の形をした匂い袋「誰（た）が袖 袖型」。梅雨時にはほんのり香りを。【香老舗 松栄堂】

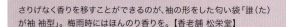

芒種《ぼうしゅ》

六月六日頃

稲や麦など穂の出る、芒《のぎ》のある穀物の種をまく季節。芒とは、イネ科の稲穂や麦穂の先端の針のような突起を指します。

じょじょに気温が上がり、雨も多くなり、やがて梅雨に入ります。

旬のもの

すずき
みょうが
らっきょう

草木や生き物

紫陽花《あじさい》
百合
桔梗《ききょう》
かたつむり

季節の言葉

稽古始《けいこはじめ》

▼昔から、芸事は六歳の六月六日から始めると上達するといわれました

七十二候

六月六日～十日頃
蟷螂生（かまきりしょうず）

六月十一日～十五日頃
腐草蛍為（ふそうほたるとなる）

六月十六日～二十日
梅子黄（うめのみきなり）

発色の美しい丹後縮緬（たんごちりめん）を使った、紫陽花のつまみ細工。丁寧に手作りされた６輪にはみずみずしささえ感じます。【おはりばこ】

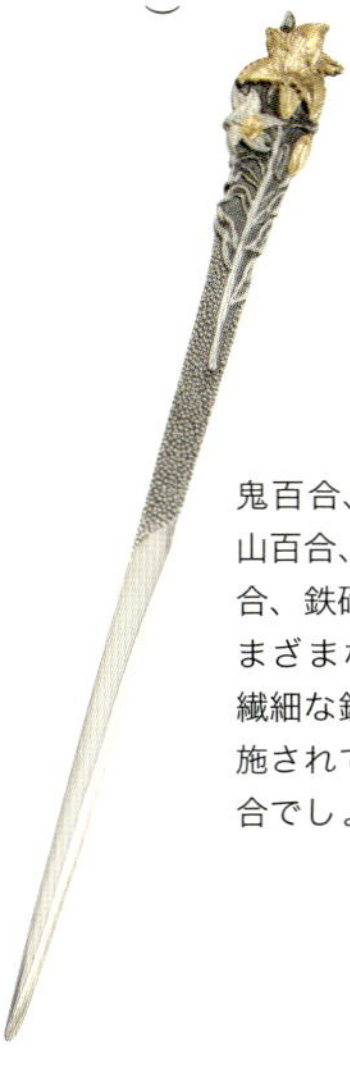

鬼百合、姫百合、車百合、山百合、姥百合、鹿の子百合、鉄砲百合…百合にはさまざまな種類があります。繊細な銀細工の菓子切りに施されているのは、どの百合でしょうか。（私物）

６～10月頃が旬のみょうが。あんなに美味しい香味野菜なのに、食用として栽培しているのは世界でも日本だけだそうです。

行事

入梅《にゅうばい》

入梅は本来、暦の上では立春から百三十五日目の六月十一日頃とされていました。

ジメジメして疎《うと》まれる長雨ですが、日本ほど「雨」を表現する言葉が多い国はないと思います。農耕民族にとって雨はとても重要で、敏感にならざるをえなかったのでしょう。

脱臭と芳香による空気浄化機能を持つ「arooma」。ひのきの重箱のようなデザインで、１段目はひのきチップにひのき精油を数滴注いで森の香り。２段目は炭フィルターで消臭。【アスカム】

皇室御用達の老舗の職人が仕上げた、婦人用 16 本骨雨傘。ディテールが美しくて、ほれぼれします。【前原光榮商店】

行事

嘉祥《かじょう》の日《ひ》

六月十六日には、菓子を食べ、厄除招福を願う嘉祥（定）という行事が行われていました。起源は平安時代ともいわれ、江戸時代には宮中、幕府、庶民にまで広まりました。

嘉祥は明治時代に廃れましたが、一九七九年に同日は「和菓子の日」となりました。

江戸時代末期に宮中に納めた菓子をもとにした、【とらや】の「嘉祥菓子７ヶ盛」。期間限定販売です。

梅《うめ》仕《し》事《ごと》

梅仕事は下ごしらえが大切。下ごしらえを丁寧に行うことで、苦みやえぐみを防ぐことができます

実家には梅の木が何本もあって、母が毎年、小梅と大粒の梅干しを漬けてくれます。五月になると青梅がたくさんなり始め、木に近づくとほのかに梅の香りが漂って、今年も梅仕事が始まるなと思うのです。

梅干しを漬けるまで、梅を一個ずつ拭いたり、土用干しでざるに並べて干したり、裏返したり。ひと手間ひと手間ごとに愛着が増してゆきます。

青梅は優しく水洗いして、たっぷりの水に1～2時間漬けます。ざるにあけて竹串でヘタを取り除き、水気をしっかりふき取ります。

◎梅シロップと梅酒

梅干しまではちょっとという方には、梅シロップや梅酒が簡単でおすすめ。

梅を下ごしらえし、瓶は熱湯で殺菌消毒します。一対一を目安として、梅と氷砂糖を交互に入れていきます。蓋をして冷暗所で保管し、一日に二、三回かき混ぜましょう。砂糖が自然と溶け出し、一週間ほどで梅シロップの出来上がり。

梅酒は梅シロップと同じに作り、最後にホワイトリカーを注ぎ入れます。3か月寝かせて飲み頃です。

結婚《けっこん》シーズン

お祝い事となると、日本では古来より縁起を担ぐさまざまな風習がありました。大安や仏滅などの六曜や、女性・男性それぞれの厄年も避けました。

ジューンブライド＝六月に結婚すると生涯幸せになれると、現代では六月の結婚式はすっかり浸透しましたが、日本の六月は梅雨。冷暖房が完備されない時代には、この時期の挙式を避けるカップルが多かったそうです。

白無垢に綿帽子の花嫁さん。素敵です。

左上）和装の花嫁衣装には欠かせない、筥迫（はこせこ）、懐剣、抱え帯、末広、帯締の「花嫁五点セット」。カスタムメイドで、18種の丹後縮緬（たんごちりめん）から選んで作ってくれます。【おはりばこ】

左下）ハッとするような白と赤の松竹梅に鶴のつまみかんざし。使用している丹後縮緬の本紋綸子（りんず）、縁起のいい松竹梅と、夫婦が生涯添い遂げる鶴のモチーフが、ハレの日にふさわしい。【おはりばこ】

道具

袱紗《ふくさ》

袱紗の語源「ふくさめる」は、ふんわりとやわらかく包む、という意味。

祝儀袋、不祝儀袋などを包む袱紗は、のしや水引が崩れたり、袋が汚れるのを防ぐだけでなく、先方の気持ちや祭礼を重んじるという心を表すものです。

お祝いの気持ちや悲しみの気持ちを袱紗に包む、その布ひとつとっても、相手を思いやる細やかな心遣いが感じられます。

お祝い事の際は、赤、えんじ、朱色などを、お悔やみの際は、緑、藍、鼠色などを使います。紫は慶弔兼用できるので、一枚用意しておくと重宝します。

美しい発色としなやかな生地で作られる「ブライダル袱紗」。淡いパステルカラーに繊細なパールのチェーンが美しい。【和奏（わかな）】

夏至《げし》

六月二十一日頃

一年のうちで昼の時間がもっとも長く、夜の時間がもっとも短いとき。

この日から、しだいに昼の時間が短くなっていきます。

すでに梅雨に入っています。日に日に夏に近づいていきます。

旬のもの

鮎
かんぱち
たこ
枝豆
メロン

草木や生き物

花菖蒲《はなしょうぶ》
かっこう

季節の言葉

五月雨《さみだれ》
▼旧暦五月、現在の六月頃に降り続く長雨。梅雨のことです

七十二候

六月二十一日～二十六日頃
乃東枯（なつくさかれる）

六月二十七日～七月一日頃
菖蒲華（あやめはなさく）

七月二日～六日頃
半夏生（はんげしょうず）

金魚の飴は、伝統飴細工専門店【浅草飴細工 アメシン】さんのもの。細部まで精巧に再現された美しさにうっとり。

この時期、身の回りに置きたいモチーフに「金魚」があります。和紙でできたミニチュアの金魚桶は夏のインテリアのアクセントに。【めでたや】

大豆になる前の、青いうちに収穫したものが枝豆。昔は枝付きのまま茹でたので、枝豆と呼ばれるようになったそう。肝臓の働きを助ける成分が含まれ、お酒のお供にぴったりなのです。

行事

夏越《なごし》の祓《はらえ》

年に二度、六月と十二月の晦日《みそか》（末日）に行われる大祓《おおはらえ》は、半年分を無事に過ごせた感謝と厄落とし、これからの半年分の無事と健康と厄払いを祈る行事です。

◎茅《ち》の輪くぐり

厄落としの方法として「茅の輪くぐり」が行われます。神社の境内に作られた大きな茅の輪の中をくぐると、身の汚れを払い、夏の病気や災いを免れると考えられていました。

東京大神宮の境内に設けられた茅の輪。

夏越の祓に合わせて期間限定で販売される【とらや】の白水無月と水無月。

◎水無月《みなづき》

外郎《ういろう》生地に小豆がのった水無月。

京都では、夏越の祓に欠かせない行事菓子としていただく風習があります。水無月の三角は氷片を表し、小豆は厄払いを意味しているそうです。

行事

山開《やまびら》き

その年初めて登山が許される初日に、安全を祈願して各山で儀式が行われます。日本では山は神聖な場所として、一般人は立ち入ることを禁じられていました。夏の一定期間に限り登山を許されたのが、山開きの起源といわれています。

七月一日は富士山の山開きです（山梨県側）。

醤油ベースのせんべいに、砂糖、胡椒、一味唐辛子、抹茶の４つのお味で四季の富士山を表す「煎屋　手焼きせんべい富士山」。パッケージも可愛い。【日本市（中川政七商店）】

蛍《ほたる》狩《が》り

五月下旬〜七月頃までの梅雨の時期は、蛍狩りのシーズン。日本に蛍は数十種類いるといわれ、空気が澄んでいる美しい清流に育ちます。

子供の頃、祖母の家で、蚊《か》帳《や》の中に舞いこんだ蛍の光をいつまでも見ていたことを思い出します。

蛍が育つ環境が失われつつあるため、今では気軽に見ることができなくなってしまいました。

蓄光マテリアルがガラスの内部に封入されて、光をためて、暗いところで光る琉球グラス、「さざなみグラス・蛍入り」。夜が楽しみになるグラスです。【和雑貨美輪（うりん）】

暗闇に蛍が乱舞する、夏を感じさせる手ぬぐい。額に入れて部屋に飾るのも素敵です。【戸田屋商店】

小暑
しょうしょ
七月七日頃

梅雨も明け、本格的な夏の暑さを迎えます。
この日から「暑中」に入ります。
暑中見舞いは、小暑頃から立秋までの間に出す時候の挨拶です。
夏支度をする時期でもあります。

旬のもの

鱧《はも》
にんにく
おくら
とうもろこし

草木や生き物

朝顔
蓮

季節の言葉

お中元
▼一年の前半、お世話になった人に感謝の気持ちを込めてご挨拶する習慣。贈る時期は七月初旬～十五日頃（地域によって異なります）

七十二候

七月七日～十一日頃
温風至（おんぷういたる）
七月十二日～十七日頃
蓮始開（はすはじめてひらく）
七月十八日～二十二日頃
鷹乃学習（たかすなわちわざをならう）

お中元に贈りたい「柿田川名水ところてん・あんみつセット」。無添加のところてん、ところてんを角切りにした珍しいあんみつ、突き棒がセットになった、うれしいひと品。【ところてんの伊豆河童】

そうめんの出番が多くなってくる季節。ちなみに、そうめんと冷麦はかつては製法が違ったそうですが、今は同じで、違いはその太さ。そうめんは 1.3mm 未満、冷麦は 1.3 ～ 1.7mm。

暑くなってくると、無性に食べたくなる「あんみつ」。賽（さい）の目に切った寒天、あんこ、フルーツなどに蜜をかけていただきます。

蔓（つる）がぐんぐん伸びた朝顔のグリーンカーテン。手ぬぐいいっぱいに描かれた爽やかな一枚です。【にじゆら】

行事

朝顔市《あさがおいち》

毎年七月六〜八日に東京の入谷鬼子母神《いりやきしもじん》で開催される朝顔市は大勢の人で賑わいます。江戸時代から明治、大正にかけて朝顔ブームが何度もあり、入谷の朝顔市は明治時代からの歴史があります。大正時代に一度姿を消しましたが、昭和二十三年に復活しました。

お礼状、暑中見舞いなどにぴったりな、天然の香木が香る文香（ふみこう）「かほりふみの友　朝顔」。【めでたや】

行事

ほおずき市《いち》

現在は浅草寺《せんそうじ》（東京）が有名ですが、ほおずき市は愛宕《あたご》神社（東京）の千日詣《せんにちまい》りの縁日に始まり、市に詣れば千日分のご利益があるといわれました。

その後、浅草寺では「四万《しまん》六千日《ろくせんにち》」と呼ばれ、四万六千日分のご利益があると、愛宕神社をしのぐ賑わいになっていきました。

愛宕神社では現在も変わらず六月二十三、二十四日に、浅草寺では七月九、十日に開催されています。

和紙に描かれたほおずきの絵葉書で、夏のご挨拶を。【めでたや】

七夕《たなばた》

織姫と彦星が年に一度、天の川を渡って再会するという七夕伝説は、中国の乞巧奠《きっこうでん》というお祭りが伝わり、日本の棚機津女《たなばたつめ》の伝説と融合して現在のかたちになったそうです。

笹や竹に飾りつけをして短冊に願い事を書きますが、その一つ一つに意味があります。

大漁・豊作・幸せを絡めとるという願いを込めた「網飾り」や、織姫の織り糸を表し、裁縫上達の願いを込めた「吹き流し」などの飾りをつけます。

そもそも短冊に願い事を書くのは「字が上手になりますように」という願いから。短冊の５色は、古代中国の陰陽五行説にちなんでいます。

七夕のテーブル飾り。殺菌力が強いことから魔除けになる笹、成長が早く生命力が強い竹は神聖な植物とされ、笹や竹に願い事を吊るしたり、お供えをするようになりました。

夏《なつ》支《じ》度《たく》

もうすぐ本格的な夏！ のれんは麻素材に、居間にはうちわ、蚊取り線香、ござや籐の敷物、窓には風鈴、夏障子やすだれと、夏を迎える準備をしましょう。

右は、涼しげな音色の南部風鈴を、駿河竹千筋細工（するがたけせんすじざいく）で囲んだ置き風鈴。音だけでなく目にも涼しげです。【竹工房はなぶさ】
左は、ガラスに手描きされた金魚。ガラスならではの、素朴で風流な音色が魅力の江戸風鈴。【篠原風鈴本舗】

江戸時代創業の【伊場仙（いばせん）】の職人の手で作られた、浴衣生地の扇子。確かな技と粋な江戸扇子はかっこいい。

美濃の手漉（す）き和紙にこだわった、透明な美しさを持つ水うちわ。水につけて、濡れたうちわで扇いだときに飛ぶ水しぶきを楽しみます。【カミノシゴト】

有松（ありまつ）絞りの雪花絞りを贅沢に使った日傘。太陽の下で美しい手染めの藍がまぶしく映えます。【トリエ】

耐熱性のある自然素材、秋田産の珪藻土（けいそうど）で作られた蚊取り線香入れ。上の段で蚊取り線香を灯し、下の段は保存ケースとして使います。【soil】

道具

涼《すず》しげなグラス

暑い季節には、見た目の涼やかさにこだわったガラスのグラスを。

◎切子《きりこ》

特に私が夏になると使いたくなるのが切子です。美しい切子で飲むお酒は、とても贅沢に感じます。

切子といえば、カット後の色ガラスが薄く、美しい透明感が特徴の江戸切子と、カット後の色ガラスが厚く、重厚感が特徴の薩摩切子が有名。どちらも、日本の工芸品の粋を極めた美しさだと思います。

現在、三代秀石である掘口徹さんが伝統を守り、作り続ける江戸切子。繊細なカットと美しい色使いに惚れ惚れ。【掘口切子】

落ち着いた色と手にしたときの重厚感は、さすが薩摩切子。【薩摩びーどろ工芸】

熟練した職人が作り出す「大正浪漫ガラス」と名付けられた乳白色のガラス器。明治大正時代に盛んに使われた技法で、日本の伝統文様がどこかしらレトロな雰囲気です。【廣田硝子】

大暑《たいしょ》

七月二十三日頃

朝から蝉の大合唱、青い空、白い雲。暦の上でもっとも暑さが厳しい、汗ばむ時期です。

夕立や雷雨も増えます。

夏の土用の期間はこの頃にあたります。

全国あちこちで夏祭りが開催されます。

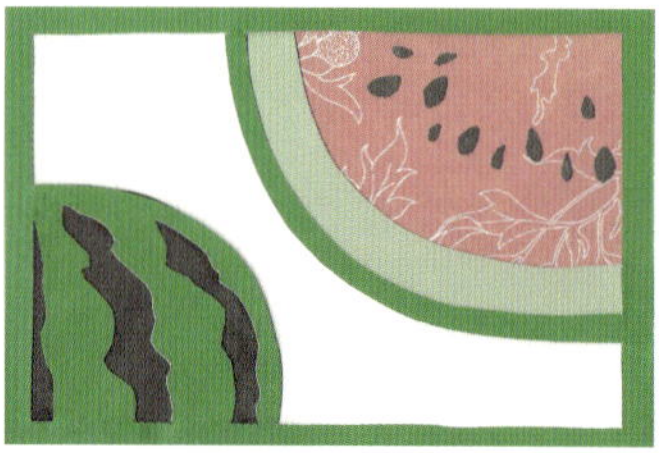

旬のもの

太刀魚《たちうお》
きゅうり
モロヘイヤ
すいか

草木や生き物

おしろいばな
あぶら蝉

季節の言葉

八朔《はっさく》

▼旧暦の八月朔日（＝一日）は「田の実の節句」ともいい、豊作を祈願したり、贈答をしたりして祝う日でした

七十二候

七月二十三日〜二十七日頃
桐始結花（きりはじめてはなをむすぶ）

七月二十八日〜八月一日頃
土潤溽暑（つちうるおいてむしあつし）

八月二日〜六日頃
大雨時行（たいうときどきふる）

夏の土用の丑（うし）の日に鰻を食べることが定着したのは、江戸時代のこと。鰻は夏バテ対策によいとされますが、実は脂がのって美味しくなる天然鰻の旬は冬なのです。

暑い日にすいかを食べると、「夏！」と感じます。小玉すいかは6〜7月頃が、大きいものは7〜8月が美味しい時期です。

木綿100%のさらしを染めている手ぬぐいは、吸水性が高く、濡れてもすぐに乾きます。ペットボトル包みに、冷房よけのスカーフ代わりに、ハンカチ代わりに、夏は忘れず持ち歩きたい。

夏祭《なつまつ》り

八月になると、全国あちこちで夏祭りが催されます。お神輿《みこし》や祭り太鼓やお囃子《はやし》にワクワクして、浴衣を着て出かけたくなります。

もともと夏祭りは、先祖供養、豊作祈願、厄払いなどのための行事。盆踊りも先祖の霊をなぐさめ、踊りで厄災を祓うためのものです。

◎日本三大夏祭り

日本にはたくさんの有名な夏祭りがありますが、三大夏祭りと呼ばれるのは、京都・八坂《やさか》神社の祇園祭《ぎおんまつり》、大阪天満宮の天神祭《てんじんさい》、東京・神田明神の神田祭《かんだまつり》。青森のねぶた（ねぷた）も有名です。徳島の阿波踊りは、日本で一番有名な盆踊りです。

手ぬぐい生地で作られたうちわ。ちょっと小ぶりで持ちやすく、帯にはさみやすいのがよいところ。【戸田屋商店】

パパやママだけでなく、子供にも着せてあげたい手ぬぐい生地で作られた甚平。汗っかきの子供にも 100% コットンだから安心。【にじゆら】

花火《はなび》

小さい頃、庭先で小さな花火でよく遊びました。夏の夜のむっとする暑さに充満する煙の匂いまで、懐かしく思い出します。

◎線香花火

現在では日本製の手作り線香花火が激減してしまいましたが、昔ながらの線香花火は西日本と東日本では違うのが面白いです。

米作りが盛んだった関西では、藁《わら》が豊富にあったため、藁スボ（稲藁の中心の固い芯）の先に火薬をつけていました。これは四百年変わらない形だそう。

一方、関東では紙すきが盛んだったことから、紙で火薬を包む形になりました。今ではこちらのほうがおなじみになりました。

◎打ち上げ花火

打ち上げ花火といえば、江戸。掛け声の「たまや〜！」「かぎや〜」とは、江戸時代に活躍した花火師の屋号です。

玉屋は火事を起こして一代で消えてしまいましたが、鍵屋は日本の花火を牽引《けんいん》し続け、現在も鍵屋十五代目が後を継いで世界に誇る技術が評価されているのです。

暗闇にパッと広がる色とりどりの打ち上げ花火。夏に持ちたい手ぬぐいです。【にじゆら】

西の線香花火「スボ手牡丹」。現在、国内でこの花火を製造しているのは【筒井時正玩具花火製造所】のみとなってしまいました。

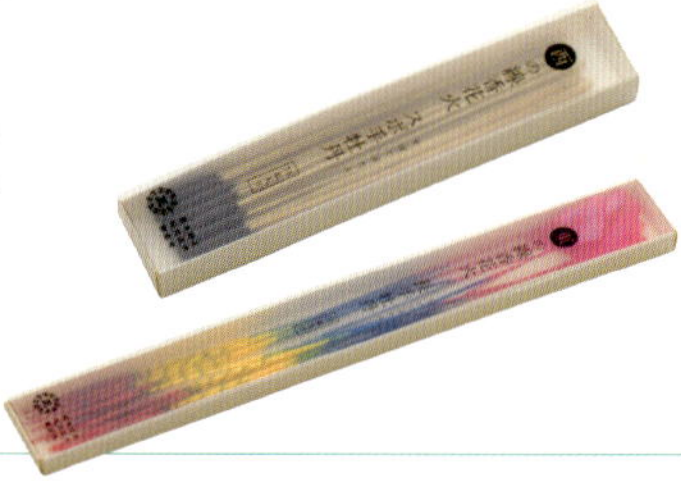

スボ手牡丹より燃焼時間が長い、東の線香花火「長手牡丹」。大きな火花が4段階に変化するのが特徴です。

浴衣《ゆかた》と夏着物《なつきもの》

昔、入浴時に着た「湯帷子《ゆかたびら》」が起源の浴衣。

もともとはお風呂上がり、寝巻として夕刻以降に着るものでした。江戸時代に町人たちの間で木綿の浴衣が定着し、デザインや染色技術も発展。特に歌舞伎の人気が高まり、贔屓《ひいき》にしている役者の楽屋着を真似て着たり、江戸っ子らしい粋な色柄を競い合いました。

浴衣以外には、七月と八月は単衣に仕立てた薄物の着物を着ます。絽《ろ》、紗《しゃ》、麻（上布）、絹紅梅、綿紅梅など、夏は薄く透け感のあるものが目に涼やかです。

夏は自分でお手入れできる着物にしたい。私の定番は麻素材。近江上布（おうみじょうふ）の大きなビタミンカラーのチェックに、見た目万能な白の半幅帯。【トリエ】

もう一つの夏の定番は「セオα」。ポリエステル素材だけど熱がこもらず、軽くて着心地もよい。年中使える博多帯も締めやすくてオススメです。【トリエ】

足元は下駄か雪駄がラク。これはデザイン雪駄。奈良の三郷町で受け継がれてきた雪駄が、着物にも洋服にも履ける素敵なデザインで生まれ変わりました。【DESIGN SETTA SANGO】

秋

金木犀《きんもくせい》の香り、色づく木の葉が
山々をおおい、少しずつ長くなる
夜を楽しむ季節です。

秋の色

黄蘗《きはだ》色
落栗《おちぐり》色
柿色
撫子《なでしこ》色
抹茶色

秋の季語

【簾名残《すだれなごり》】

残暑の日差しを避けるために吊ったままになっている簾を、秋風を感じていよいよ下ろします。

秋の句

白露《しらつゆ》もこぼさぬ萩のうねりかな

松尾芭蕉

秋の着物

マゼンダピンクのにじみを生かした幾何学柄が大人可愛い雰囲気です。キラキラが散りばめられたぶどう刺繍の名古屋帯が、秋らしさを感じさせます。【トリエ】

立秋《りっしゅう》

八月七日頃

秋の気が立つ。暦の上では秋になります。

実際は夏真っ盛りですが、ふとしたときに秋の気配を感じられる日を迎えたということです。

この日から、暑中見舞いから残暑見舞いとなります。

旬のもの

いわし
こち
冬瓜《とうがん》
桃
かぼす

草木や生き物

ひまわり
ひぐらし

季節の言葉

精霊流《しょうろうなが》し
▼長崎県などで行われる死者の魂を弔う行事。手作りの船に乗せて送ります

七十二候

八月七日〜十二日頃
涼風至（りょうふういたる）

八月十三日〜十七日頃
寒蝉鳴（ひぐらしなく）

八月十八日〜二十二日頃
蒙霧升降す（もうむしょうごうす）

桃の旬は7〜9月。桃尻が白く、色づいた部分に白い斑点が現れているものが甘くて美味しいです。乾燥を嫌い、冷やしすぎると甘味が落ちるので、食べる2〜3時間前に冷やすのがよいそう。

暑い時期に太陽に向かって大きな花をつける、ひまわり。日本では観賞用に愛されていますが、欧米では、ひまわり油を採るため食用として栽培されています。

塩焼き、蒲焼き、刺身、梅煮、トマト煮、フライ、つみれ汁…調理法もいろいろで、どれも絶品のいわし（まいわし）の旬は6〜10月頃です。

お盆《ぼん》

お盆は亡くなったご先祖様が帰ってくる日。正式には「盂《う》蘭盆会《らぼんえ》」といいます。

八月（地域によっては七月）十三日が盆の入り・迎え盆でお盆の期間の初日。四日間ともに家で過ごし、十六日に送り出します。

地域、宗派によって迎え方は違いますが、一般的なお盆の準備をご紹介しましょう。

笹竹のほおずきを吊るした盆棚

きゅうりとなすの精霊馬。

◎盆棚《ぼんだな》

お位牌《いはい》や香炉、ご先祖様へのお供え物などを飾る棚。四隅に、結界を張るという意味がある笹竹を立て、縄を張り、ほおずきやそうめんを吊るします。

ほおずきは盆提灯の形に似ていることから目印の代わりに、そうめんはご先祖様がお帰りの際、荷物を結ぶ紐代わりになるように、などという意味があるそうです。

◎精霊馬《しょうりょううま》

なすときゅうりに、割り箸や爪楊枝を刺して作る飾りです。

きゅうりは馬を表し、ご先祖様がこの世に早く戻ってこられるように、なすは牛で、ご先祖様があの世にゆっくりと戻って行けるように。

◎迎え火・送り火

ご先祖様が家を間違わないよう、目印として十三日の夕方頃に焚くのが迎え火。十六日夕方頃に焚く送り火には、迷わず帰れるようにという意味が込められています。

軒先や盆棚前に飾る盆提灯も、迎え火・送り火と同じ役割をします。

盆棚に飾られた盆提灯。

処暑

しょしょ

八月二十三日頃

「処」は止まる、おさまるという意味。
厳しい暑さは峠を越え、朝夕は涼しさを感じられるようになります。
台風シーズンで、二百十日もこの時期です。

旬のもの

なす
すだち
ぶどう

草木や生き物

綿の花
松虫

季節の言葉

二百十日

▼立春から数えて二百十日目(九月一日頃)。稲の開花するこの時期は台風の時期でもあり、二百二十日、八朔とともに、三大厄日と呼ばれています

七十二候

八月二十三日～二十七日頃
綿柎開(わたのはなしべひらく)

八月二十八日～九月一日頃
天地始粛(てんちはじめてさむし)

九月二日～七日頃
禾乃登(こくものすなわちみのる)

さわやかな酸味で欠かせない薬味、すだち。徳島県の特産品です。レモンよりビタミンCが多く、夏バテ予防にもよいそう。

デラウェア、巨峰、マスカット…ぶどうの美味しい時期は8～10月あたりです。この時期になると、ぶどう柄の手ぬぐいを使いたくなります。(私物)

小なすの漬物が可愛らしくて好きです。なすは本来、夏野菜ですが、「秋なすは嫁に食わすな」ともいうように、秋に収穫されたなすも身がしまっていて美味しいです。

白露《はくろ》

九月八日頃

大気が冷えてきて、草木に朝露を結び、本格的な秋の到来です。

四月頃に来たつばめは、この時期に南に帰っていきます。

大気はまだ不安定で、秋の長雨が始まる頃でもあります。

旬のもの

昆布
鮑《あわび》
はぜ

草木や生き物

菊
コスモス
鈴虫
赤とんぼ

季節の言葉

菊酒《きくざけ》

▼重陽《ちょうよう》の節句には、菊の花を浸した菊酒を飲んで邪気を払います

七十二候

九月八日～十二日頃
草露白（くさつゆしろし）

九月十三日～十七日頃
鶺鴒鳴（せきれいなく）

九月十八日～二十二日頃
玄鳥去（つばめさる）

虫の音が聴こえてきそうな竹細工の虫かごは、職人が丁寧に手作りした昔ながらの品。小さいけれどちゃんと戸が開いて、もちろん虫を飼ってみるのも、またインテリアにも。【かごや】

秋の縁起柄・赤とんぼが舞い飛ぶ懐紙はいかが？　とんぼは「勝ち虫」ともいわれ、まっすぐ前に進むことから、不退転の象徴として武士に好まれました。【辻徳】

「虫の音」という名の和菓子。真ん中に小さな虫が乗っています。

行事

重陽《ちょうよう》の節句《せっく》

九月九日は重陽の節句。中国由来の長寿や繁栄を願う節句です。旧暦では菊の咲く頃で「菊の節句」ともいいます。

中国では古来、菊は邪気を払い、長寿の効能があると信じられていました。日本では平安時代に菊を眺める宴「観菊の宴」が開催され、江戸時代には庶民の間でも親しまれるようになりました。

◎菊花茶

中国ではおなじみの漢方のお茶で、特に眼精疲労に効くとされています。お湯の中で花が開いていくさまが、ホッとリラックスさせてくれます。

◎菊湯

湯船に菊の花びらを浮かべて入ります。

キュートな菊の花に癒される菊花茶。

色とりどりの菊の花は、縦染めという染め方で染めた「ぼかしつまみ一輪帯留」。小ぶりでレトロな可愛らしさ。【ふりふ】

行事

敬老《けいろう》の日《ひ》

一九六六年に祝日に制定された敬老の日は、お年寄りを大切にし、古くから伝わるおじいちゃん、おばあちゃんの知恵を授かろうという日。現在は九月第三月曜日と定められています。

菓子木型を使って、創業 180 年の和菓子屋の職人が一つ一つ作った、可愛らしくて、どこか懐かしいラムネ「高岡ラムネ 宝尽くし」。敬老の日のプレゼントに最適。【大野屋】（れもん色の懐紙は【辻徳】）

暮らし

秋《あき》の七草《ななくさ》

萩、尾花《おばな》、葛《くず》、撫子《なでしこ》、女郎花《おみなえし》、藤袴《ふじばかま》、桔梗《ききょう》。

萩は漢字のとおり秋の代表的な花。尾花はすすきのこと。葛は、根からとったでんぷんがくず粉になります。撫子は「子を撫《な》でるように可愛い花」、女郎花は「美女を圧倒する美しい花」から名付けられたとか。また野生の藤袴と桔梗は激減し、絶滅危惧種に指定されているそうです。

無病息災を願って食べる春の七草と違って、秋の七草はその美しさを鑑賞します。秋にも可愛らしい花々があることを思い出させてくれます。

行事

十《じゅう》五《ご》夜《や》

旧暦八月十五日の満月を「十五夜」「中秋の名月」と呼び、お月見をします。月の満ち欠けとともに穀物が成長することから、実り豊かな秋の収穫に感謝をする意味があります。

◎月見団子とすすき

新暦では、９月初旬〜10月初旬の満月の夜が十五夜。すすきを飾り、お団子をお供えして、名月の美しさを楽しみましょう。

十五夜にお団子を作って、厄除《やくよ》けのすすきと一緒に月にお供えをする習慣は江戸時代から。穀物の豊作祈願、収穫に感謝をして、月に見立てて丸い団子をお供えしたのが月見団子の始まりだそうです。団子は、東日本では丸、十五夜を別名「芋名月」と呼ぶことから、西日本では里芋を模してこしあんをつけた俵型と、地域によって形が違います。

熟練の木地師が薄く削り出し、おぼろ月が浮かぶ漆の器「おぼろ月」。趣のある金の月は、お月見の季節にぴったりです。【箔一】

月《つき》の満《み》ち欠《か》け

十五夜の時期はもちろん、夜に外を歩くときはいつも、思わず夜空を見上げてお月様を探してしまいます。

月は太陽の光を反射して輝き、太陽との位置関係によって満ち欠けをし、毎日、見かけの形を変えていきます。

昔の暦である旧暦（太陰太陽暦）は、月の満ち欠けをベースとしていて、月と同じ二十九～三十日でひとめぐりします。

それぞれの月には名前がつけられ、日本人が月と同じリズムで暮らしていたことがわかります。

新月
旧暦1日目の月。「一日」を意味する「朔（さく）」とも。

繊月（せんげつ）
旧暦２日目頃の月。「繊」は細いという意味。

三日月
旧暦3日目頃の月。「眉月(まゆづき)」「蛾眉(がび)」とも。

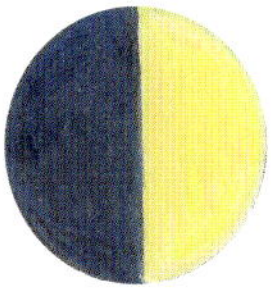

上弦の月
旧暦７日目または８日目頃の月。月を弓に見立てています。

十日夜の月
（とうかんやのつき）
旧暦10日目頃の月。旧暦10月10日は「十日夜」という行事が行われました。

十三夜の月
（じゅうさんやのつき）
旧暦13日目頃の月。旧暦9月13日は「十三夜」。

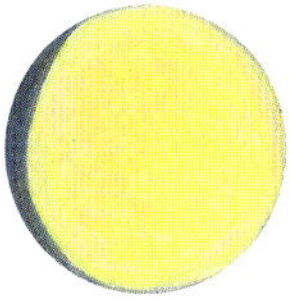

小望月
（こもちづき）
旧暦14日目頃の月。満月（望月）の前夜なので小望月。

望月
（もちづき）
旧暦15日目頃の月。別名「十五夜」。旧暦8月15日は「中秋の名月」。

十六夜月
（いざよいづき）
旧暦16日目頃の月。「いざよい」は「ためらう」の意。望月よりためらいがちに出ることから。

立待月
（たちまちづき）
旧暦17日目頃の月。月の出が遅くなり、「立って待つ」ことから。

居待月
（いまちづき）
旧暦18日目頃の月。月の出がさらに遅くなり、「座って待つ」ことから。

寝待月
（ねまちづき）
旧暦19日目頃の月。遅い月の出を「寝て待つ」ことから。

更待月
（ふけまちづき）
旧暦20日目頃の月。月の出が午後10時頃と、夜更けとなることから。

下弦の月
（かげんのつき）
旧暦23日目頃の月。月を弓に見立てています。「二十三夜の月」とも。

有明の月
（ありあけのつき）
旧暦26日目頃の月。夜明け（有明）の空に昇ることから。

晦日
（みそか）
旧暦30日目頃の月。「みそか」は「三十日」の読み方で、月末のこと。

秋分《しゅうぶん》

九月二十三日頃

春分と同じく、昼と夜の長さが同じになる日。
この日をはさんだ前後7日間が「秋のお彼岸」です。
「暑さ寒さも彼岸まで」という言葉通り、この日を境にじょじょに寒さが増していきます。

旬のもの

松茸
舞茸
しめじ
里芋
梨

草木や生き物

彼岸花
りんどう

季節の言葉

うろこ雲
▼秋に多い、魚のうろこのように見える小さな塊が空一面に広がった雲

七十二候

九月二十三日～二十七日頃
雷乃収声（かみなりすなわちこえをおさむ）

九月二十八日～十月二日頃
蟄虫坯戸（すごもりのむしとをとざす）

十月三日～七日頃
水始涸（みずはじめてかるる）

晩秋の野山に咲く、優しい青紫色のりんどうは、晴れた日だけ星型の花びらを上向きに開き、夜や曇った日は閉じてしまいます。根茎は、古来、健胃剤として使われてきました。

鮮やかな彼岸花が咲き誇る手ぬぐい。子供の頃、学校帰りに田んぼや土手を赤く染めて咲いていた彼岸花を、今も懐かしく思い出します。別名は曼珠沙華（まんじゅしゃげ）。【倭物やカヤ】

秋になると、どんぐりの箸置きを使います。どんぐりが落ちるのは９月下旬～１１月くらい。拾ってきて、器に入れて飾るだけでも秋を感じられます。

行事

秋《あき》のお彼岸《ひがん》

九月二十三日頃の秋分の日をはさんで前後三日、七日間が秋のお彼岸です。

春のお彼岸と同様、彼岸入りには仏壇・仏具を清め、お花やお供え物をして、お墓参りをします。お墓参りには、ご先祖様からいただいた命に感謝する意味もあります。

お墓参りの道具としては、手桶、柄杓《ひしゃく》、お線香、ろうそく、マッチなど。掃除道具も忘れずに。

国産の良質な高野槙を用い、京桶職人の手で丁寧に作り上げられた手桶と柄杓。端正なたたずまいが魅力です。【桶屋近藤】

右は、天然香料を贅沢に使用した京線香。仏壇にお供えをするだけでなく、お部屋でリラックス時にも使いたい。【香老舗 松栄堂】

左は、和ろうそく専門店が手がける美しい絵ろうそく。厳しい冬に仏花の代わりになるように、ろうそくに絵を描きお供えしたのが始まりです。お花が傷みやすい夏にも使えます。【大與（だいよ）】

土鍋《どなべ》で新米《しんまい》

海外に住んでいた二十代の頃、日本人のDNAなのか、ご飯だけは美味しく食べたい！という気持ちが強くありました。

時を経てもその気持ちは変わらず、いろいろ試した結果、土鍋が一番美味しいと思うのです。

土鍋は、温めると全体に熱が広がります。保温性が高く、また余分な水分をうまく逃す吸湿力も備わっています。だから土鍋ご飯はもちもちして美味しいんですね。

◎美味しい土鍋ご飯の炊き方

❶三合の米を洗い、三十〜六十分浸水する。

❷強火にかけて沸騰させる。

❸湯気が出てきたら弱火にして十三分。

❹火を止め、そのまま二十分蒸らす。おこげが好きな方は、火を止める前に一分強火に。

新米で握ったおにぎりは格別の味。

「はじめちょろちょろ、中ぱっぱ」を表現した「お米」という名の手ぬぐい。お米が楽しそうに舞っています。【にじゆら】

炊飯用の土鍋「かまどさん」。遠赤外線効果の高い釉薬（ゆうやく）を使用。伊賀の粗土でできているので、木のように呼吸し、ご飯がべたつきません。【長谷園】

米《こめ》びつと箱膳《はこぜん》

◎米びつ

美味しいご飯のために、お米の保存は大切です。

米びつにはプラスチック、ほうろう、瓶、木製などいろいろありますが、私が愛用しているのは、桐の米びつ。温度や湿度を一定に保ってくれるので、高温多湿な日本の気候に最適なのです。

◎箱膳

ちゃぶ台やテーブルを囲んでの食事が一般的になったのは、大正~昭和以降。それまでは自分専用のお膳で食事をしました。足のついた膳は冠婚葬祭など来客用、普段使いには箱膳が使われました。

箱膳の中に自分専用のお茶碗などをしまい、蓋を返してお膳として使います。限られた空間を生かした、合理的で日本人らしい知恵です。

現代でも、物を減らしたシンプルな生活をしたい人、ひとり暮らしの人にぴったり。

米どころでもあり、桐たんすの産地でもある新潟県加茂市で作られた桐の米びつ。すぐれた調湿性が魅力です。【イシモク】

箱膳。ひとり暮らしの方に、また茶道具入れにしておうちカフェやおうち茶会などにも最適。雰囲気のある時間が持てそうです。【駿河なつかし堂】

寒露《かんろ》

十月八日頃

秋もいよいよ本番。

木々の葉は赤く色づき始め、菊が咲き、金木犀《きんもくせい》が香ります。

空気の澄んだ秋晴れの日も多くなります。

雁などの渡り鳥が北から渡ってくるのもこの時期です。

旬のもの

鯖《さば》
秋刀魚《さんま》
栗
ざくろ

草木や生き物

金木犀
雁

季節の言葉

恵比寿講《えびすこう》
▼十月二十日または十一月二十日などに、恵比寿神を祀り、一年の無事を感謝して商売繁盛を祈願する祭礼

七十二候

十月八日～十二日頃
鴻雁来（こうがんきたる）

十月十三日～十七日頃
菊花開（きっかひらく）

十月十八日～二十二日頃
蟋蟀戸在（きりぎりすとにあり）

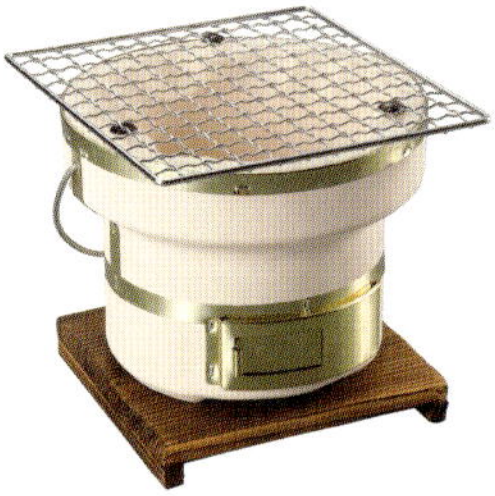

秋の味覚といえば秋刀魚。特に９～10月の秋刀魚は栄養価も高く、脂ののりもよく、七輪で焼くと最高。この卓上で使えるミニ七輪は小さいながら本格派。お家で旬の秋刀魚を堪能しましょう。【カワセ】

栗ご飯、渋皮煮、モンブラン…秋には欠かせない栗。子供の頃、家に栗の木があって、弾けたいがから栗を出し、しばらく砂に埋めておいたものです。あれは甘くなるのを待っていたのだと大人になってから知りました。

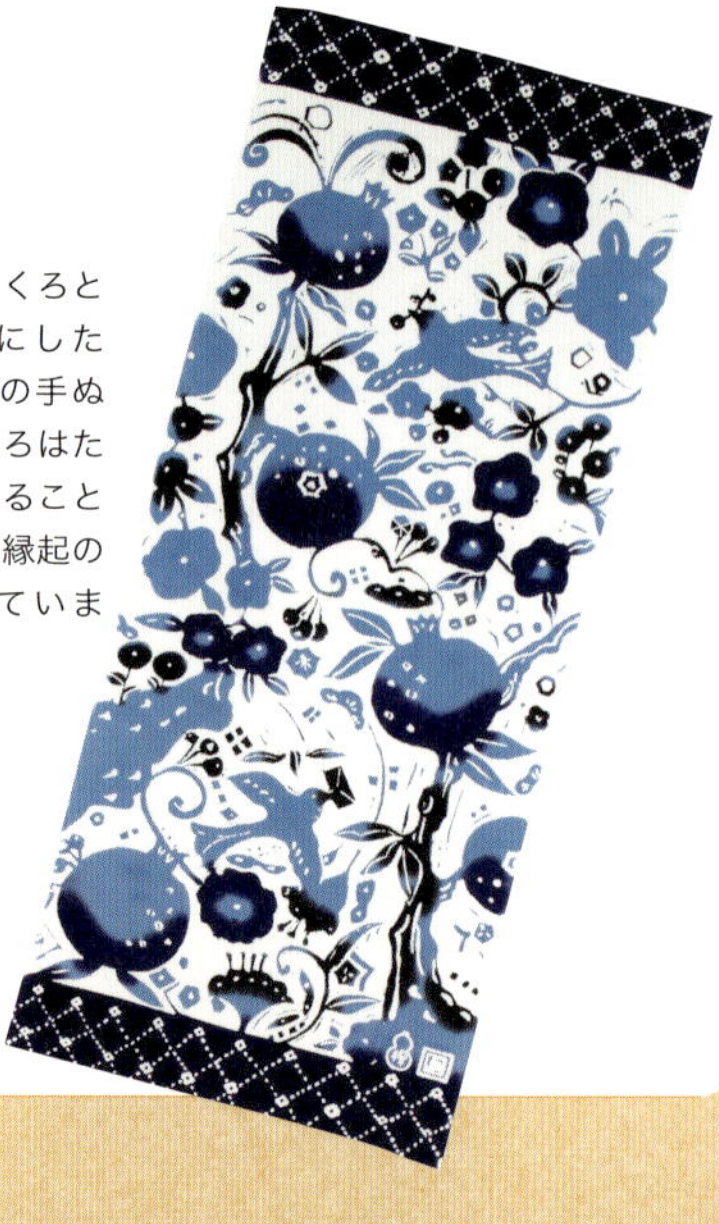

吉祥文様であるざくろと双鳥をモチーフにした「楽園」という名の手ぬぐい。古来、ざくろはたくさんの実をつけることから、子孫繁栄の縁起のよい植物とされています。【にじゆら】

十三夜《じゅうさんや》

十五夜の次に美しいといわれる十三夜。十五夜の約一か月後、旧暦の九月十三日頃（新暦では十月下旬頃）にやってくることから「後の月」とも呼ばれます。また、十五夜が「芋名月」と呼ばれるのに対し、十三夜は栗や枝豆の収穫の時期なので「栗名月」「豆名月」とも呼ばれます。

十五夜と十三夜のどちらか一方のお月見しかしないことは「片見月」と呼び、縁起が悪いとされていました。

お祝いの仕方は十五夜同様、秋の収穫物と十三個のお団子をお供えします。

十三夜の、少し欠けた月を愛でるところが、日本人らしい感性だなと思います。

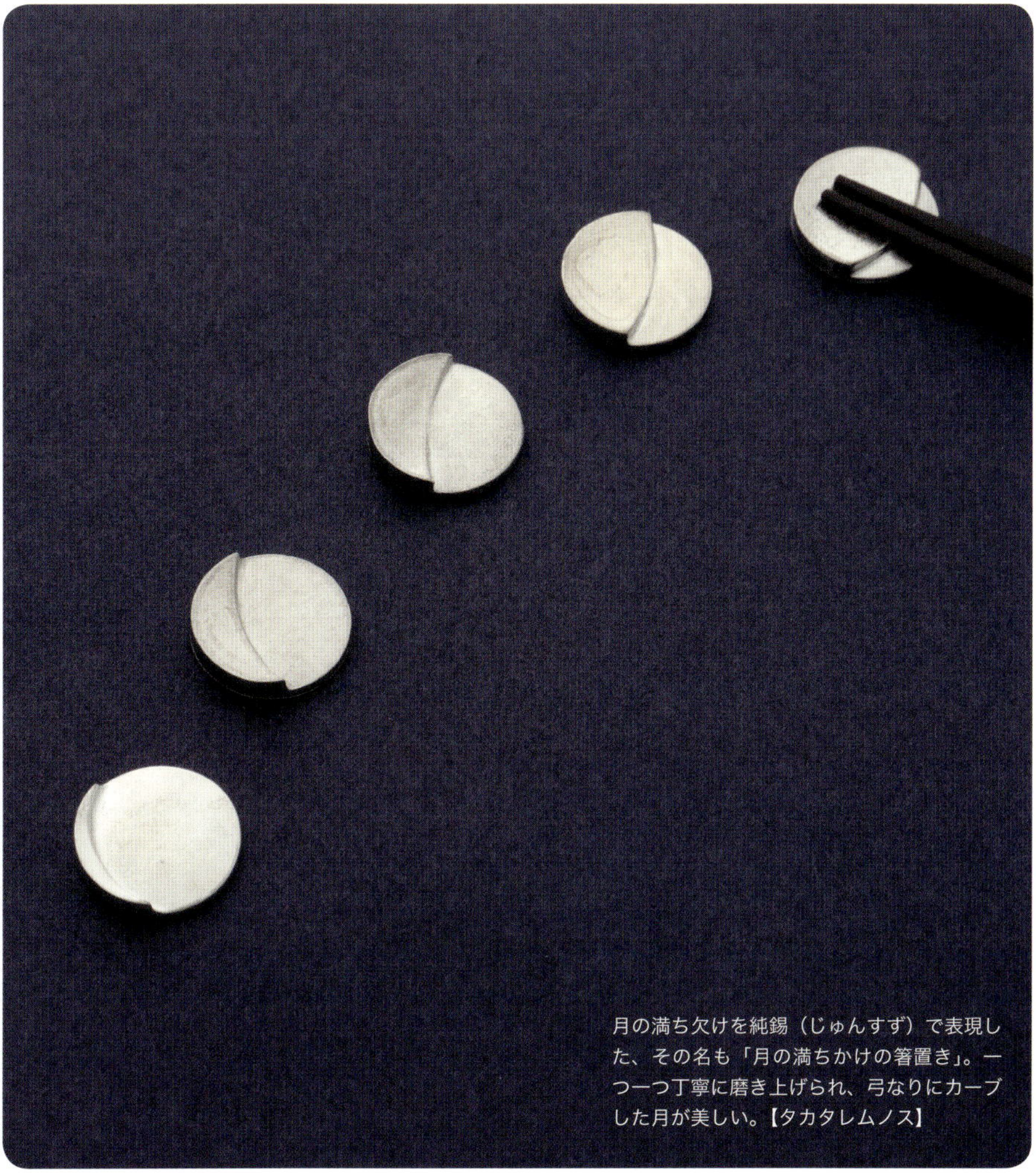

月の満ち欠けを純錫（じゅんすず）で表現した、その名も「月の満ちかけの箸置き」。一つ一つ丁寧に磨き上げられ、弓なりにカーブした月が美しい。【タカタレムノス】

秋《あき》の夜長《よなが》を楽《たの》しむ灯《あか》り

朝夕涼しくなってきて、秋は夜の時間が一番長い季節。冬至くらいまでの間を「秋の夜長」と呼びます。

秋の季語に「秋の灯《ひ》」があります。秋の夜長の灯はどこか静かで、自分の時間を持ちたくなる灯だと感じます。

この時期、秋の夜長を豊かに彩るお気に入りの灯りを見つけたいものです。

障子を思わせる六目編みした竹細工は、優しい灯をともしてくれます。黒竹の取っ手があるので持ち運びにも便利。【三浦照明】

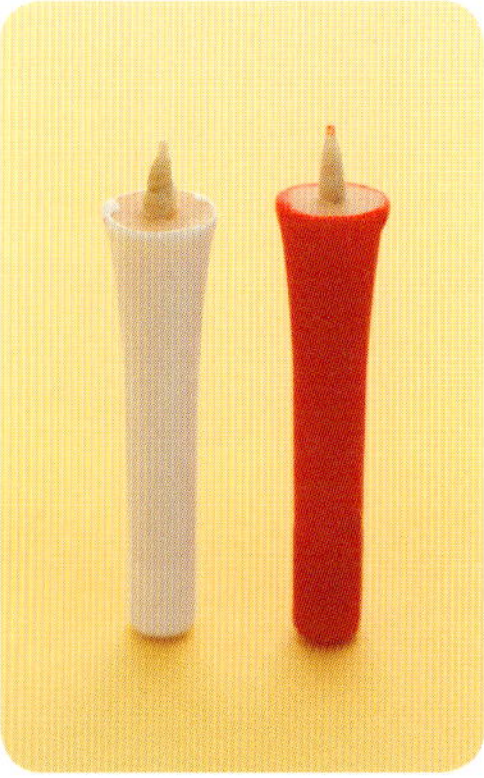

米ぬかの油分から採った蠟（ろう）だけで作られた和ろうそく。石油化学原料のパラフィンを使った普通のろうそくとは違い、植物性です。和ろうそくは風に強く、長時間、美しく輝き続けます。【大與】

津軽びいどろで作られたオイルランプ。 ゆらゆら揺れるランプの光に色とりどりのガラスが美しく、職人の手のぬくもりを感じさせます。【石塚硝子】

桐箱の蓋の部分に源氏香之図（げんじこうのず）を切り抜き、桜を手書きで描いた「源氏かおり抄 御にほひ箱 花宴」。薄い桐板を引き出すと小窓が開き、ほのかに香りが漂います。コーンタイプのお香は、短時間で香りが欲しいときに。【香老舗 松栄堂】

秋《あき》の夜長《よなが》のリラックス

読書の秋、芸術の秋。秋は、長い夜の時間をゆったりと楽しみたいもの。

ほっこり和める香りや座布団などを取り入れて、リラックス空間を演出しましょう。

◎香り

和の香りの歴史は一四〇〇年前からともいわれています。

お香は中国から仏教とともに伝わりました。平安時代には、貴族の生活文化の中で、仏前に供える供香《くこう》のほかに、部屋や着物に香をたきしめたりと、生活の中で香りを楽しむようになりました。

◎座布団

秋の夜長、座布団にゴロンと横になって、リラックスして本を読んだり、映画を観たり、家族とおしゃべりしたりしたいものです。

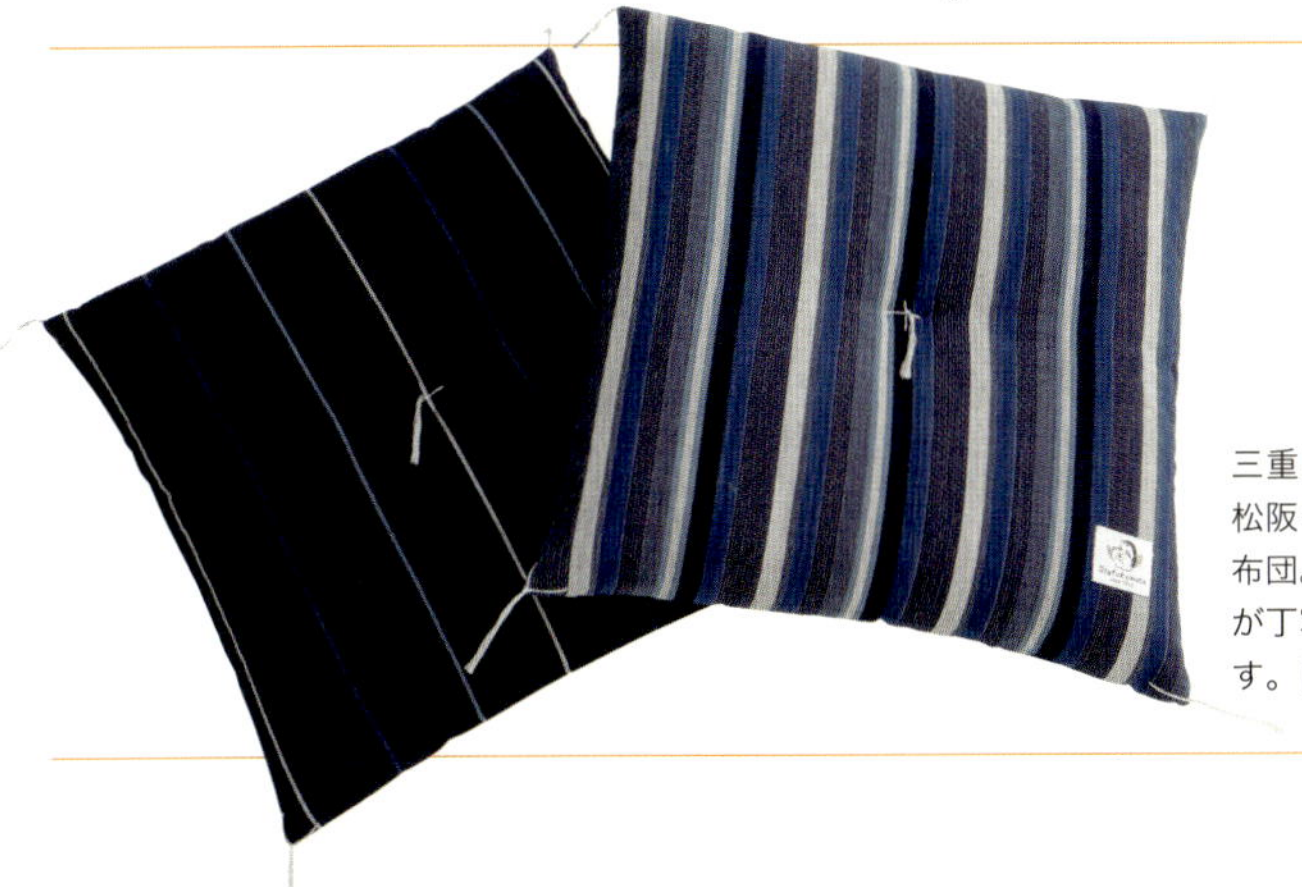

三重県の伝統工芸品・松阪もめんを使った座布団。布団作りの職人が丁寧に仕上げています。【おたふくわた】

霜降《そうこう》
十月二十三日頃

初霜が降りる頃。
地表の温度が零度以下になると、霜が降りやすくなります。
紅葉はますます色鮮やかになっていきます。
秋から冬へ変化し、しだいに長くなっていく夜の時間を楽しむ時期です。

旬のもの

鮭
さつま芋
柿

草木や生き物

サルビア
紫式部
ひよどり

季節の言葉

時雨《しぐれ》
▼秋から冬にかけての、降ったりやんだりする雨。俳句の季語としては冬になります

七十二候

十月二十三日〜二十七日頃
霜始降（しもはじめてふる）
十月二十八日〜十一月一日頃
霎時施（しぐれどきふる）
十一月二日〜六日頃
楓蔦黄（もみじつたきなり）

輸入ものが多い鮭ですが、「秋鮭」と呼ばれるのは日本の白鮭。広大な海を何万kmも泳いできた、脂がのって最高に美味しい天然の白鮭が店頭に並ぶのは９〜11月頃。

１年中出回っているさつま芋ですが、晩秋に特に美味しくなります。スイートポテトにして、ほくほく感と甘みを堪能したい。

10月31日のハロウィンは、古代ケルト人に由来する、キリスト教の祝日・万聖節の前夜のお祭り。万聖節は日本のお盆のようなもので、死者の魂が戻ってくると考えられていました。（私物）

読書《どくしょ》の秋《あき》

中国の韓愈《かんゆ》が読んだ詩「灯火親しむべし」（秋風を感じながら灯の下で読書するには最適な季節）という一節から、「読書の秋」といわれるようになったそうです。

夜が長く、過ごしやすい季節に、ゆったり本を読むのは贅沢な時間。お気に入りのブックカバーやしおりを見つけて楽しみたいです。

良質な畳表（い草）を使用した文庫用ブックカバー。い草の香りと感触がリラックスさせてくれます。【日本百貨店】

牛革に型押しをし、一筆一筆手作業で彩色を施し、漆と真菰（まこも）を使った錆入れの工程を経て丁寧に仕上げたブックカバー。手触りが違います。【文庫屋「大関」】

松阪もめんを使ったしおりは、本のページの角に差しこむ新しいタイプ。お気に入りの本だけでなく、手帳などにも使えます。【丸川商店】

紅葉《もみじ》狩《が》り

万葉集には紅葉の歌が多く登場し、源氏物語にも紅葉を愛でる祝宴の様子が描かれるなど、日本の紅葉狩りの歴史は古いようです。

紅葉狩りは、平安時代は紅葉のもとで歌を詠む貴族の遊びでしたが、江戸時代には一般庶民も桜同様、宴を楽しむようになりました。

地域にもよりますが、紅葉が美しい時期は十〜十一月。昼間暖かく、夜から朝にかけて冷えこんだ寒暖の激しい時に美しく色づいていくそう。

紅葉するのは落葉樹です。日本はこの落葉樹の種類が世界で一番多く、日本特有の気候によって色彩が豊富で美しいといわれています。

美しく色づきました。

色とりどりの紅葉を感じ味わえる和菓子です。

まだ残暑が残る頃に着る、秋を先取りした紅葉柄の単衣（ひとえ）の着物です。（私物）

お風呂《ふろ》と風邪予防《かぜよぼう》ドリンク

日に日に冷えこみが厳しくなってくるこの頃。忙しくなる年末を前に、身体を温かくして、体調管理を万全にしておきたいものです。

◎お風呂で温まる

日本人は世界に類を見ないお風呂好き。私ももちろん、お風呂が大好きです。

一日の終わりに身体の汚れを落とし、疲れを取り、肩までしっかり湯船に浸かって温まる。血行がよくなり、気持ちもリフレッシュして、明日もまた頑張ろうと思えます。

◎風邪予防ドリンク

「風邪かな?」と思ったら、薬の前に、我が家では手作りのドリンクを飲みます。

寒気がしたら卵酒。熱が出たらりんごの絞り汁か、番茶と大根おろしのスープ。鼻水が出たら梅生番茶《うめしょうばんちゃ》。そして、せきが出たら大根はちみつ。

ほっこり温まって風邪など吹き飛んでしまいます。

お風呂タイムがますます充実する、ひのきの湯桶とソープトレー。立ち上る湯気にひのきのいい香りが気持ちを和ませてくれます。【星野工業】

角切りした大根をはちみつに漬けこんだ「大根はちみつ」。濃厚なので、お湯で割っていただきます。

冬

木の葉が落ちた冬木立ち、
白く凍った空気、雪化粧した
景色が美しい季節です。

冬の色

銀鼠《ぎんねず》色
藁《わら》色
千歳《ちとせ》緑《みどり》
朱色
消炭《けしずみ》色

冬の季語

【霜の衣】

朝一面に降りた薄衣《うすぎぬ》のような霜は、太陽が
昇れば一瞬で消えてしまいます。

冬の句

むまさうな雪がふうはりふはりかな

小林一茶

冬の着物

水玉地紋に雪の玉を思わせるグレーの小紋に、雪の結晶の刺繍帯のコーディネート。まるで、静かに雪が降り積もった冬の夜のようです。

【トリエ】

立冬 りっとう

十一月七日頃

暦の上で冬の始まり。紅葉シーズンも終盤。

空気が冷たく乾燥し始め、寒暖差が激しくなり、冬の気配を肌で感じます。

木枯らし一号が吹き、北国からは初雪や初冠雪の便りが届く頃です。

冬支度を始めます。

旬のもの

毛蟹
白菜
ねぎ

草木や生き物

山茶花《さざんか》
まひわ

季節の言葉

三寒四温《さんかんしおん》

▼四日暖かい日が続いたあと三日寒い日が続き、だんだん寒くなっていくこと。最近は春先にも使われます

七十二候

十一月七日～十一日頃
山茶始開（つばきはじめてひらく）

十一月十二日～十六日頃
地始凍（ちはじめてこおる）

十一月十七日～二十一日頃
金盞香（きんせんこうばし）

まつぼっくりが実るのは10～12月頃。木から落ちる時期は決まっていないので、1年中収穫できます。少し乾燥させ、色をつけて飾ったり、小さなクリスマスツリーなどに。

亥（い）の月（旧暦10月、新暦の11月頃）の亥の日、亥の刻（午後10時頃）に、亥の子餅を食べて、無病息災を願います。子だくさんな亥（＝イノシシ）にあやかって子孫繁栄を願う意味もあったようです。

行事

七五三《しちごさん》

十一月十五日は七五三。神社にお参りして、子供の健やかな成長を祝う行事です。

昔は幼い子供が亡くなることが多く、無事に成長することを願って、節目節目にさまざまな儀式が行われました。

七五三は、数え三歳で初めて髪を伸ばし始める「髪置《かみおき》の儀」、五歳の男児が男子の正装である袴を初めて着用する「袴儀《はかまぎ》」、七歳の女児が初めて大人と同じ丸帯をつける「帯《おび》解《とき》の儀」の儀式が起源となっているそうです。

３歳の女の子は、正式な帯は結ばず、着物の上に羽織る被布（ひふ）を着るのが一般的です。

七五三のお祝いに欠かせない「千歳飴」。子供が長生きできるようにとの願いが込められています。

行事

酉《とり》の市《いち》

酉の市は、十一月の酉の日に関東中心の神社で開催される賑やかな市。東京の大鷲《おおとり》神社、鷲《おおとり》神社、花園神社などが有名です。

そろそろ正月準備を始めましょうと教えてくれる、冬の風物詩でもあります。


縁起ものがたくさんついた縁起熊手を買い、新年の開運招福、商売繁盛を願います。

酉の日は十二日ごとに巡ってくるので、十一月に三度行われる年もあります。一度目が「一の酉」、二度目が「二の酉」、三度目が「三の酉」。三度巡ってくる年は火事が多いともいわれます。

花園神社の熊手守。毎年多くの人が訪れてにぎわいます。

冬支度《ふゆじたく》

本格的な冬の到来を前に、綿入れや湯たんぽを出して、冬支度を始めましょう。

◎綿入れ

綿入れは、表布と裏布の間に綿を入れた着物のこと。受験生時代いつも着ていたので、懐かしい気持ちになります。

ほかに綿入れ羽織や綿入れ半纏《はんてん》など、昔の人はさまざまな綿入れを作っていました。

◎湯たんぽ

明治時代に庶民にも普及し、陶器製のかまぼこ形が流行しました。布団の足元に入れておくだけで、ぽかぽか温かく眠ることができます。

◎火鉢

冬、祖父が火鉢のそばに座っていた姿をしみじみ思い出します。灰をならし、火の具合を見極め、火箸で炭を足す。心のゆとりも感じさせる道具として、現在も愛されています。

創業約105年の半纏の宮田織物と、約180年の綿布団のおたふくわたがコラボした綿入れ半纏。綿布団の綿がぽかぽか。【おたふくわた】

正方形の木製手あぶり火鉢。そこにあるだけで味わいのある存在感です。【火鉢の道具店】

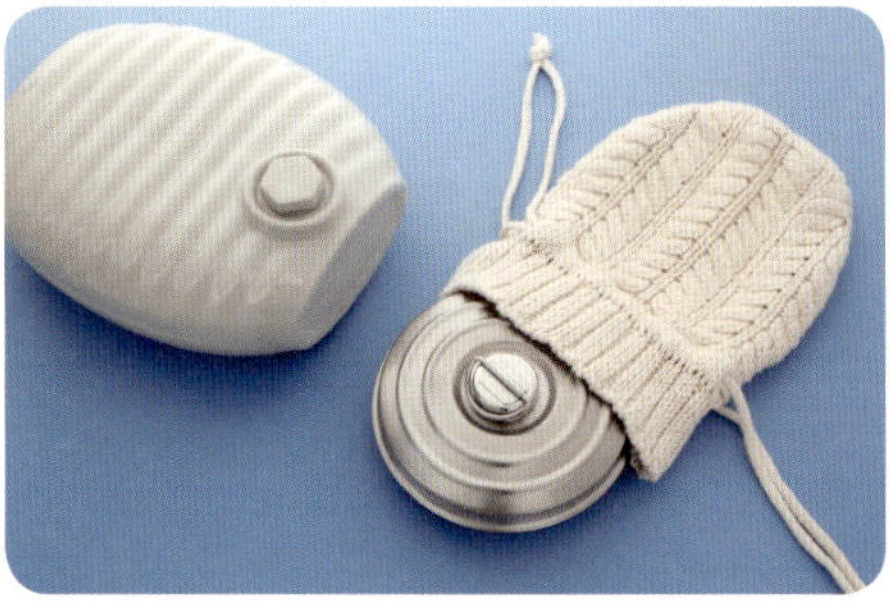

右は、ほっこりしたカバーに包まれたステンレスの湯たんぽ。綿糸から編み・本体すべて雪国新潟によるもの。機能的で、シンプルなデザイン。【FD STYLE】
左は、開窯1616年、高田焼、【弥満丈製陶】の湯たんぽ。珪藻土（けいそうど）を使っているので、遠赤外線、マイナスイオンを放出し、身体を優しく温め続けてくれます。

小雪《しょうせつ》

十一月二十二日頃

雪が降り始める頃。積もるほど降らないことから小雪と呼ばれたそう。
本格的な冬はすぐそこです。
昼間、小春日和と呼ばれる穏やかな陽気が訪れるのもこの頃。
お歳暮の準備を始めるときでもあります。

旬のもの

鰤《ぶり》
ほうれん草
れんこん
りんご

草木や生き物

水仙

季節の言葉

神在祭《かみありさい》
▼旧暦十月、神様が集う出雲では神在月と呼び、出雲大社では神々をお迎えする神事、神在祭が行われます

七十二候

十一月二十二日～二十六日頃
虹蔵不見（にじかくれてみえず）

十一月二十七日～十二月一日頃
朔風払葉（さくふうはをはらう）

十二月二日～六日頃
橘始黄（たちばなはじめてきなり）

子供の頃、風邪で寝込んだときに母が絞ってくれたりんごの果汁は美味しくて、とっても特別なものでした。

冬の寒さに耐えて、凛として可憐な花を咲かせる水仙。寒い季節に雪の中でも咲くことから、「雪中花（せっちゅうか）」という名前でも呼ばれています。

漢字で蓮根と書きますが、蓮の根ではなく、地下茎が肥大化したもの。「先を見通せる」と縁起物の野菜です。ビタミンC、食物繊維、カリウムなどを豊富に含み、また花粉症などのアレルギー症状を緩和すると注目されています。

鍋《なべ》料《りょう》理《り》

お鍋が恋しい季節。寄せ鍋、水炊き、もつ鍋、石狩鍋、おでん……数ある中で私が一番心惹かれるのは湯豆腐。

鰹だしなら、本物の鰹節を削って作ると格別。これは大工が使うかんなのメーカーによる鰹節削り器。ウォルナット材とブナ材を使用した箱のデザインがすっきりスタイリッシュ。何より初めてでも簡単に上手に削れるのが魅力です。【台屋】

お鍋に昆布と水を入れて沸騰させ、お好みのサイズに切ったお豆腐をイン。そのまま蓋をして、豆腐がゆらゆらする頃が出来上がり。昆布だしのいい香りが漂います。

京都の金網細工専門店が伝統の菊出しという技法で中心から編んだ、華の模様の豆腐すくい。繊細で美しい。【金網つじ】

熱燗《あつかん》

日本酒ほど、さまざまな温度で楽しめるお酒はほかにありません。

冬の寒い日に飲みたくなる熱燗ですが、冷やを二十度とすると、熱燗とは五十度程度に温めたお酒のこと。熱燗の温度で美味しいのは、普通酒、純米酒、本醸造酒です。

お燗には、ほかに日向燗《ひなたかん》（三十度程度）、人肌燗《ひとはだかん》（三十五度程度）、ぬる燗（四十度程度）、上燗《じょうかん》（四十五度程度）、飛切燗《とびきりかん》（五十五度程度）などの飲み方があります。

◎美味しい熱燗の作り方

・容器に日本酒は九分目まで。

・香りが飛ばないように、口をラップでふさぎましょう。

・鍋には徳利が半分かくれるくらいのお湯を。

・十分沸騰したら火を止めて徳利を入れます。上燗で二〜三分、熱燗で三〜四分が目安です。

「酒器だるま」という名前の酒器セット。ころんとしたシェイプは、まるで雪だるま。職人の手が施され仕上げられた酒器は、雪の質感を思わせるマットなビスク（無釉）タイプもあります。おちょこが徳利にぴったりはまります。【セラミックジャパン】

繊細で美しいガラスの注器「角ちろり 銀ソフト」は、冷酒はもちろん、耐熱ガラスなので熱燗もOKなのです（盃は耐熱ガラスではありません）。【廣田硝子】

大雪

十二月七日頃

たいせつ

雪が降り積もるところが増え、本格的な冬です。各地に冬将軍が到来し、冷たい風が吹きつける寒い日々が続きます。動物たちは冬眠し、スキー場がオープンします。

旬のもの

ふぐ
牡蠣《かき》
たらこ
大根
みかん

草木や生き物

蠟梅《ろうばい》

季節の言葉

雪吊り

▼雪の重みで折れないように、木の枝を縄などで吊り上げること。金沢市の兼六園《けんろくえん》が有名です

七十二候

十二月七日〜十一日頃
閉塞成冬（そらさむくふゆとなる）

十二月十二日〜十六日頃
熊蟄穴（くまあなにこもる）

十二月十七日〜二十一日頃
鱖魚群（さけのうおむらがる）

こたつにみかん。日本人でよかったと思えるホッとする光景です。日本でもっとも多く栽培されているのは温州みかん。ビタミン豊富で風邪予防にも。

冬に使いたくなる、雪だるまや雪景色が描かれた懐紙。雪の花、雪明かり、雪月夜、暮雪、白雪、雪華、小米雪（こごめゆき）などなど、雪を表現する言葉は響きが美しいなと感じます。【辻徳】

お歳暮《せいぼ》

日頃、お世話になっている方へ、お礼と感謝の気持ちを表す習慣、お歳暮。

十二月上旬から二十日頃の間に発送、または持参するのが慣わしです（地域によります）。持参する場合は、のし紙をかけて風呂敷に包みます。

◎水引《みずひき》

水引は、贈り物の包み紙などにかけられる赤白や黒白などの紐のこと。

結び方には、大きく「花結び」「結びきり」「鮑《あわび》結び（淡路結び）」の三つがあります。

お歳暮の水引は、お祝い事全般に使われる「花結び」。簡単に解いて結び直せることから、何度も繰り返しできますようにとの願いを込めた結び方です。

風呂敷は、結び目のない「平包み」という包み方で。真ん中に贈り物を置き、手前→左→右→奥の順に、丁寧にかぶせていきます。

贈答品にも日常使いにもＯＫな「お使い包み」。手前→奥とかぶせて、左右を真結びにします。

水引を可愛い形に結んで、オリジナルぽち袋はいかが？

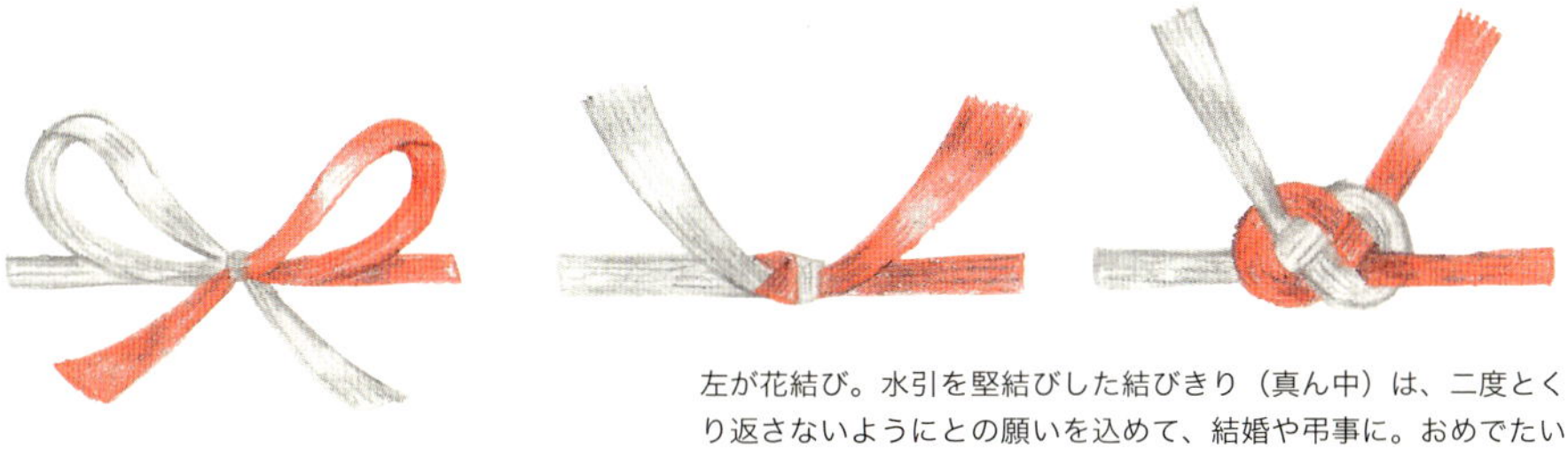

左が花結び。水引を堅結びした結びきり（真ん中）は、二度とくり返さないようにとの願いを込めて、結婚や弔事に。おめでたい鮑に似た形の鮑結び（右）はさまざまな用途に使われます。

正月事始《しょうがつことはじ》め

十二月十三日は正月事始め。煤《すす》払い、餅つき、松迎えなど、一年の汚れを落とし清めて新しい年の準備を始める日です。

◎煤払い

昔は家の中で薪《たきぎ》を焚《た》いて、料理をしたり、暖をとったりしていたので、天井などに煤や埃がたまり、それを払い清めました。現在でいう大掃除ですね。

創業 100 年超の【亀の子束子（たわし）】は、日本の束子の代名詞。愛され続けてきたことも納得の使いやすさ。新たに開発された亀の子スポンジも、泡立ち･泡切れがよくて大人気です。

1830 年創業、江戸箒（ほうき）の【白木屋傳兵衛】の「おてがる箒」は、軽さ、持ちやすさ、しなやかさを兼ね備えたすぐれもの。普段のお掃除が楽になります。

◎松迎え

門松を作ったり、正月用の薪を山に採りに行きます。門松のそばなどに置いた歳神様《としがみさま》に供える木のことを、「年木《としぎ》（歳木）」と呼びます。

◎正月飾り

門松、しめ縄飾り、鏡餅などの正月飾りは、本来はこの日から飾ります（地域によります）。

門松はお正月に歳神様が地上に降りてきて、素通りされないよう、お迎えする目印。鏡餅は歳神様へのお供えもの。

家が歳神様をお迎えするのにふさわしい神聖な場所であると示すために、玄関先や神棚にしめ縄を飾ります。（私物）

冬至
とうじ
十二月二十二日頃

一年のうちで昼がもっとも短く、夜がもっとも長い日。

寒さはますます厳しく、街はクリスマスムード一色です。

「一陽来復」とも呼ばれ、この日を境に陰から陽に転じることから、運気が上がるともいわれています。

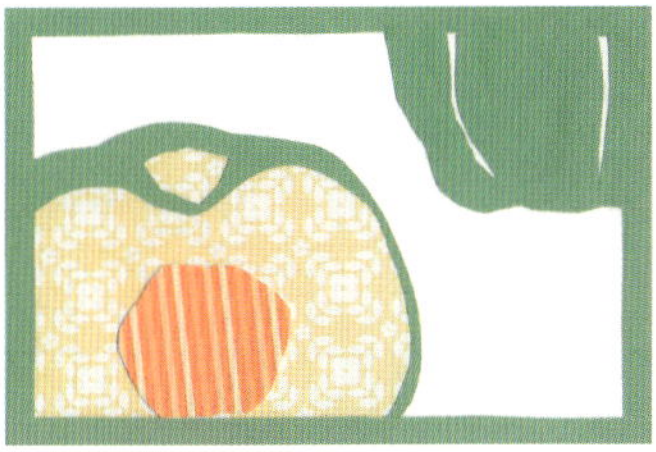

旬のもの

あんこう
平目
金目鯛
かぼちゃ
ゆず

草木や生き物

千両

季節の言葉

運盛《うんも》り

▼れんこん、大根など、冬至には「ん＝運」が二つつく食べ物がよいとされ、これを運盛りと呼びました

七十二候

十二月二十二日～二十六日頃
乃東生（なつかれくさしょうず）
十二月二十七日～三十一日頃
麋角解（さわしかのつのおつる）
一月一日～一月五日頃
雪下出麦（せつかむぎをいだす）

冬至の日に食べたい、香り高いゆずの皮をすりおろして加えた薯蕷（じょうよ）饅頭、【とらや】の「柚形」。期間限定です。

かぼちゃは漢字で「南瓜（なんきん）」で「ん」が2つ。かぼちゃと小豆を煮る「いとこ煮」は、材料を順番においおい（甥甥）、めいめい（姪姪）煮ていくことから名付けられたそうです。

12月25日はクリスマス。イエス・キリストの降誕を祝う日ですが、キリストが生まれた正確な日は実はわかっていないそうです。（私物）

行事 歳《とし》の市《いち》

年の暮れに、寺社の境内などでは、門松、しめ縄、鏡餅などの正月飾り、羽子板、お餅などを売る市が開かれます。

地域によりますが、正月飾りは二十八日までに飾ることとされています。八が末広がりで縁起がよいこと、二十九日は「二重苦」などに通ずること、三十日（旧暦では晦日《みそか》）、三十一日は一夜飾りで縁起が悪いことなどが理由だそう。

門松の「松」は、冬でも葉が落ちないことから、神が宿ると考えられていました。

行事 大晦日《おおみそか》

晦日とは毎月の末日のこと。そして一年の最後の末日が大晦日。元旦に歳神様がやってくるので、一年の穢《けが》れを落とし清め、歳神様を寝ないで待つ日とされていました。

◎年越しそば

そばのように細く長く生きられるようにと、縁起を担いでいただきます。そばはほかの麺より切れやすいことから、災いを断ち切って、新年を迎えるという意味もあったそう。

◎除夜の鐘

大晦日に寺院で打ち鳴らす除夜の鐘は、煩悩《ぼんのう》の数と同じ、百八回。最後の一回は年が明けてからつき、新しい一年は煩悩に惑わされないように、という意味があるそうです。

蛸唐草文（たこからくさもん）や籠目文（かごめもん）などの和柄を現代的にアレンジした、長崎県・波佐見焼のそばちょこ。こんな素敵な器で年越しそばをいただきたい。【マルヒロ】

お正月《しょうがつ》

一月一日から三日までが「三が日」、七日までが「松の内」で、この期間が「お正月」（地域によります）。

お正月は歳神様を自宅にお迎えする行事。鏡餅、おせち、お屠蘇《とそ》、お雑煮なども歳神様へのお供え物で、新しい年にたくさんの恩恵を授かるために生まれた風習なのです。

◎神棚

家庭の神棚は一社のものが多いので、一番手前に天照大《あまてらすおおみ》神《かみ》様、氏神様、縁の深い神社の順に納めます。

お正月には、神饌《しんせん》（水・米・塩）、旬の食べ物、榊《さかき》、鏡餅、しめ縄を飾り、新しいお札を祀って、家内安全・無病息災を祈ります。

◎書《か》き初《ぞ》め

書き初めは、元旦の早朝に汲んだ若水《わかみず》で墨をすり、その年の恵方を向いて詩歌をしたためたことに由来します。

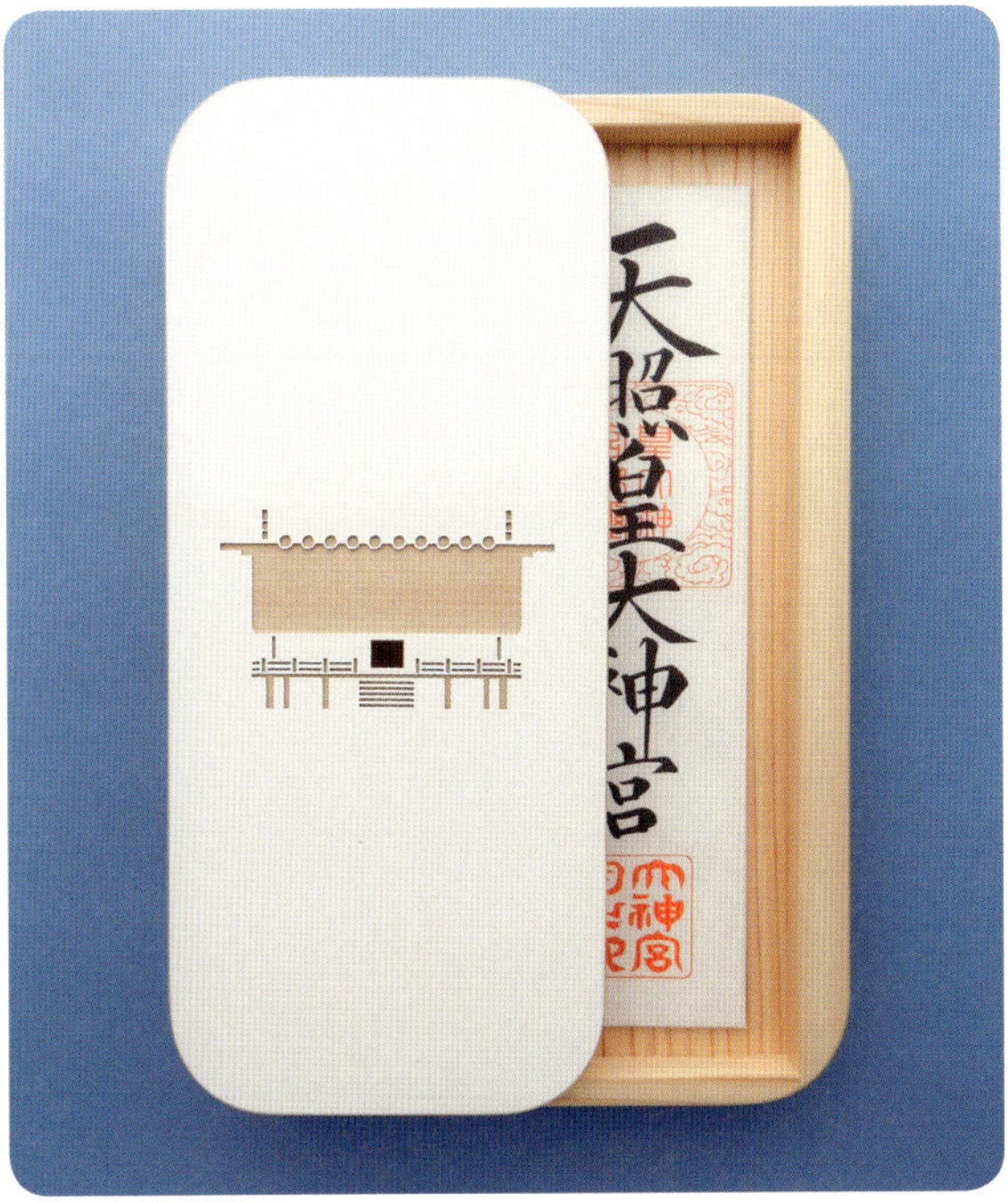

12×28×3.8cm、マンションなどにぴったりの、コンパクトな神棚。神聖なひのきを使って手作りされ、現代のライフスタイルに馴染むスタイリッシュなデザインです。【もこのこ】

平安時代初期から、鈴鹿の山で採れるひのき材から墨を作ったのが始まりといい伝えられている三重県の鈴鹿墨。和墨の奥ゆかしさを実感できます。【進誠堂】

暮らし

お正月《しょうがつ》のご馳走《ちそう》

◎おせち料理

歳神様へのお供え物であり、お正月をのんびり過ごすために年末のうちに作っておく保存食でもある、おせち料理。

めでたいことが重なる、福が重なるの縁起担ぎで、重箱に詰めるのが正式だそうです。

◎お雑煮

旧年の収穫や無事に感謝し、新年の豊作や家内安全を祈っていただくお雑煮。

一般的に、東日本は四角いお餅、しょうゆ味の透き通ったすまし汁、関西は丸いお餅、白味噌仕立てで具だくさんなお雑煮が多いようです。

◎お屠蘇《とそ》

お屠蘇は本来、五〜十種類の生薬を調合した屠蘇散を、日本酒やみりんに浸したもの。平安時代に中国から伝わり、江戸時代に庶民に広がりました。

「邪気を屠《ほふ》り、魂を蘇らせる」として、元旦にお屠蘇を飲むと、一年中幸せに暮らせるといわれました。

関西では丸いお餅に白味噌のお雑煮。

越前漆器の老舗が手がける、タモ材の白木塗で、角の接合部分の組み方がポイントの３段の重箱。内側の朱色が、おせち料理をいっそう美味しく彩ってくれます。【松屋漆器店】
（お皿は【マルヒロ】の「和文／赤 小皿」）

道具

祝《いわ》い箸《ばし》

お正月や、結婚式などのお祝いの席で使われるのが「祝い箸」。

長さは、末広がりの縁起のいい数字、八寸（約二十四センチ）で、折れにくい柳の木で作られています（このため「柳箸」ともいいます）。

また、一方だけでなく両側が細くなっていて、真ん中あたりが俵《たわら》のように膨らんでいます（このため「両口箸《りょうくちばし》」「俵箸《たわらばし》」という呼び名もあります）。歳神様と一緒に食事をするために、両方が使えるようになっているのです。

祝い箸には家族の名前を書き、大晦日《おおみそか》から神棚にお供えして、元旦から松の内まで使います。正式には、小正月に神社でお焚《た》き上げしてもらいます。

おせち料理とお雑煮を祝い箸でいただきます。

「南天松竹梅　箸包み」。縁起柄の和紙の箸袋は、シンプルで飽きのこないすっきりしたデザインで、お祝いの席にぴったり。おそろいの和紙のランチョンマットもあります。【めでたや】

子供《こども》のお正月《しょうがつ》

◎お正月の遊び

羽根つき、凧揚げ、独楽《こま》回し、かるた、百人一首、すごろく、福笑い……お正月ならではの伝統的な遊びにも、それぞれ意味があるそうです。

羽根つきは厄払い。江戸時代には、年末に縁起物の羽子板を贈る風習が生まれました。

凧揚げは男子誕生のお祝いの風習、また願い事を天まで届けるという意味もあるそうです。

◎お年玉

お正月の子供たちの楽しみ、お年玉。もともとは、歳神様の「御霊《みたま》」が宿った鏡餅を、年長者が分け与えたことが始まりだそうです。

懐かしさあふれる、昔ながらの凧、羽子板、独楽、百人一首。大人も、童心に返って子供と一緒に楽しみたい。【和敬静寂】

お守り袋と同じ形をしたポチ袋。宝船、さくら、富士山、おめで鯛、鶴亀と、お年玉にもぴったりな縁起柄です。【めでたや】

初詣《はつもうで》

初詣は本来、地域の氏神、または恵方にある社寺に新年の挨拶をするものでした。

一般には正月三が日の間に無病息災を願って参拝しますが、三が日に限らず、一年の最初に参拝した日が「初詣」となるそうです。

初詣には、ぜひ着物で出かけたいなと思います。着物に袖を通すと、背筋がしゃんと伸びて、心が改まり、新しい年を迎える気持ちが違ってくるような気がします。


子供用の小紋（右）はポリエステル、大人用の小紋（左）はウール。特別な着物を用意しなくても、気軽に、ウールや洗える着物などでお正月を迎えてはいかがですか？　子供たちのお正月の思い出になるでしょう。（私物）

お守《まも》り

金運上昇、縁結び、安産祈願、健康祈願、家内安全、学業成就……人の願いはさまざまでお守りの種類もいろいろ。

その年に叶えたいことが成就するよう、新年の初めにお守りを求めましょう。最近は、ご利益《りやく》ごとに見た目も可愛いお守りがたくさんあります。社寺めぐりをして、いろいろ集めたくなります。

❶紋付袴と白無垢の、三重【椿大神社（つばきおおかみやしろ）】の「夫婦守（めおとまもり）」。❷【東京大神宮】の「縁結び鈴蘭守り」。鈴蘭の花言葉は「幸福が訪れる」。❸福岡【竈門（かまど）神社】の「恋守り むすびの糸」。ブレスレットのように巻きつけます。❹京都【下鴨神社】の「媛守（ひめまもり）」。すべて柄が違う、女性守護のお守りです。❺東京【成田山圓能寺（えんのうじ）】の「身代わり守り」。色違いで黒、青、白などもあります。

行事

だるま市《いち》

新年から春先にかけて、各地で「だるま市」が開かれます。

だるまは、禅宗の開祖、達《だる》磨《ま》大《だい》師《し》を模した起き上がり小《こ》法《ぼ》師《し》の一つ。商売繁盛、開運出世など縁起物とされ、最初に片目だけ入れておいて、願いがかなったときに、もう一方の目を書きこみます。

だるまは、南から東の方角に顔が向くように置くとよいようです。

おなかに「福入」の文字が入ったキュートな「カラー福入りだるま」は、創業100年、高崎【堀口だるま店】のもの。黒は出世、青は学業向上、ピンクは良縁成就などの意味があるそう。

小寒《しょうかん》

一月六日頃

寒の入りで、小寒から節分頃までを「寒の内」といいます。

寒さが一段と厳しい冬本番。寒稽古、寒中水泳はこの時期に行われます。

年賀状の返信は、松の内が過ぎたあとは寒中見舞いとなります。

旬のもの

伊勢えび
水菜
せり

草木や生き物

ひいらぎ
鶴

季節の言葉

人日《じんじつ》の節句

▼一月七日。五節句の一つ。五節句はほかに三月三日の上《じょう》巳《し》、五月五日の端午《たんご》、七月七日の七夕《たなばた》、九月九日の重陽《ちょうよう》があります

七十二候

一月六日～九日頃
芹乃栄（せりすなわちさかう）

一月十日～十四日頃
水泉動（すいせんうごく）

一月十五日～十九日頃
雉始雊（きじはじめてなく）

年末年始の期間限定【とらや】の花びら餅。新年を祝う和菓子・花びら餅は、丸くのした餅の上に小豆の渋で染めた赤い菱形の餅を重ね、味噌あん、甘煮したごぼうを置いて折りたたんだもの。

せり、なずな、ごぎょう、はこべら、ほとけのざ、すずな、すずしろ。人日の節句の朝に、これら春の七草が入った七草粥を食べると、邪気を払い万病を除くといわれています。

行事

鏡開《かがみびら》き

お正月に歳神様に供えていた鏡餅をお下がりとして食べることで、力を授かり、無病息災を祈り、歳神様を天にお送りします。

鏡開きは松の内が終わって一月十一日に行うのが一般的ですが、京都は四日、また十五日に行う地方などいろいろです。

鏡餅には歳神様が宿っているので、刃物は使わず、木槌（きづち）などでたたいて割ります。

行事

小正月《こしょうがつ》

元旦を大正月と呼ぶのに対し、一月十五日は小正月。無病息災を祈って小豆粥《あずきがゆ》を食べ、豊作を祈って稲穂に見立てた餅花《もちばな》を飾る地方もあります。

歳神様にお供えしたしめ縄や門松などの正月飾りをお焚き上げする「どんど焼き」も行われます。

柳の枝などに小さく丸めたお餅を刺した餅花。地域によっては、その年の干支やお多福などの形のお餅、また米の粉を蚕の繭（まゆ）の形にした繭玉を飾るところもあります。

小正月に小豆粥を食べるのは、中国の風習に由来するそうです。古くから、小豆の赤色には邪気を払う力があるといわれていました。

大寒

一月二十日頃

だいかん

一年のうちでもっとも寒さ厳しい頃。

「寒仕込み」といって、酒や味噌など寒さを利用した食べ物を仕込むのに最適な時期です。

冬の最後の節気。春が待ち遠しくなります。

旬のもの

鮪《まぐろ》

鱈《たら》

わかさぎ

春菊

百合根

草木や生き物

南天

寒椿

季節の言葉

二十日正月

▼一月二十日は正月にお迎えした歳神様がお帰りになる日。正月の祝い納め

七十二候

一月二十日～二十四日頃

款冬華（ふきのとうはなさく）

一月二十五日～二十九日頃

水沢腹堅（みずさわあつくかたし）

一月三十日～二月三日頃

鶏始乳（にわとりはじめてにゅうす）

デフォルメされた椿の帯留め。椿の開花は3～5月頃ですが、時期がずれて寒椿（冬椿）、夏椿もあります。江戸時代には『百椿図（ひゃくちんず）』という書籍も出版されるほどの人気でした。（私物）

お気に入りの南天の手ぬぐい。寒い冬に可愛らしい赤い実をつける南天は、「難転（難を転じて福となす）」の語呂合わせで、縁起物としても好まれます。（私物）

節分《せつぶん》

節分はもともとは文字通り、立春、立夏、立秋、立冬の前日の「季節を分ける」日を指しました。

ところが、立春が一年の始まりと考えると二月三日は大《おお》晦日《みそか》にあたり、特別な日として尊ばれるようになって、やがて二月三日の節分のみを指すようになりました。

◎豆まき

豆まきには諸説ありますが、中国から伝わったとされる大晦日に厄を払い清める「追《つい》儺《な》」という行事に由来するようです。室町時代以降、豆をまいて厄を追い出す行事へと変化し、江戸時代には庶民にも定着していきました。豆は「魔滅《まめ》」に通じるとも考えられていました。

豆まきは夜に行い、豆をまくのは一家の主人です。豆まきが終わったら、一年の厄除けを願って自分の数え年の年齢の数だけ豆を食べます。

◎柊鰯《ひいらぎいわし》

鬼はいわしの頭の臭気と柊のトゲが嫌いとされ、家の入り口に、いわしの頭を焼いて柊の枝に刺したものを置いて、鬼の侵入を防ぎます。

◎恵方巻き

その年の恵方の方角を向いて、商売繁盛・無病息災を祈って、「福を巻きこむ」巻き寿司を食べるのが恵方巻き。

江戸から明治時代の頃、大阪の花街の商人や芸妓《げいぎ》たちが、節分に芸遊びをしながら商売繁盛を祈り食べたのが始まりともいわれています。

恵方巻きの具は七福神にちなんで７種類。その年の恵方を向いて、「縁を切らないよう」切らずにそのまま、「一気に幸福をいただけるよう」一気にいただきます。

暮らし

寒《かん》仕《じ》込《こ》み

昔から「寒仕込み」といって、一年でもっとも気温が低く、雑菌が繁殖しにくい寒気を利用して、味噌の仕込みを行いました。一～二月に仕込むと、食べ頃は十～十一月頃。

お好みで塩分量などを調整できること、環境によって味が違ってくるため、家庭ごとに味が違うのも自家製味噌の魅力です。

味噌の作り方（約 2.5kg 分）

1 大豆 500g、乾燥の麹（こうじ）1kg、塩 250g を用意する。

2 大豆は洗って、8～16 時間水に浸す。この間、3 回ほど水を替える。

3 鍋に入れ、指でつぶせる柔らかさになるまで煮る。煮汁は 100cc ほど取っておく。

4 フードプロセッサー、すり鉢、めん棒で叩くなどして潰す。

5 ボウルに潰した大豆、麹、塩を入れ、煮汁を少しずつ加えながら手で混ぜる。

6 丸めて玉にし、殺菌消毒した容器に隙間なく詰めて、上から押しつける。

7 昆布をのせ（なくても可）、空気が入らないようぴったりとラップをかぶせる。

8 味噌の 2～3 割の重さの重石をのせる。

9 蓋をして冷暗所に保存する。10 か月～1 年で完成。

【お問い合わせ先（音順）】

【あ】**赤福**
三重県伊勢市宇治中之切町 26（本店）
TEL 0596-22-7000
http://www.akafuku.co.jp/

浅草 飴細工 アメシン
東京都台東区今戸 1-4-3 1F（今戸神社前）
TEL 03-5808-7988
http://www.ame-shin.com/

アスカム
静岡県榛原郡吉田町片岡 356-1
TEL 0548-33-0163
http://kinokoto-ascam.shop-pro.jp/

あひろ屋
http://www.ahiroya.jp

石塚硝子
TEL 0587-37-2024
http://tsugaruvidro.jp

イシモク
新潟県加茂市加茂新田 10007-3
TEL 0256-53-4111
http://www.ishimoku.co.jp

伊場仙
東京都中央区日本橋小舟町 4-1
TEL 03-3664-9261
http://www.ibasen.co.jp/

FD STYLE
TEL 025-378-2800
http://www.fdn.co.jp

Age Design
TEL 076-222-0023
http://www.agedesign.co.jp

大野屋
富山県高岡市木舟町 12 番地
TEL 0766-25-0215
http://www.ohno-ya.jp/

桶屋近藤
京都市北区紫野雲林院町 64-2
TEL 075-411-8941
https://oke-kondo.jimdo.com/

おたふくわた
東京都渋谷区神宮前 3-35-8 ハニービル青山 8F
TEL 03-3470-6181
http://www.otafukuwata.com

おはりばこ
京都市北区紫野下門前町 25
TEL 075-495-0119
http://www.oharibako.com/

【か】**かごや**
東京都杉並区阿佐ヶ谷南 3-38-22
TEL 03-3393-4741
https://www.rakuten.ne.jp/gold/kagoya/

金網つじ
京都市東山区高台寺南門通下河原東入桝屋町 362
TEL 075-551-5500
http://www.kanaamitsuji.com/

竈門神社
福岡県太宰府市内山 883
TEL 092-922-4106
http://kamadojinja.or.jp/

上出長右衛門窯
石川県能美市吉光町ホ 65（ショールーム・工場）
TEL 0761-57-3344
http://www.choemonshop.com/

カミノシゴト（家田紙工）
岐阜県美濃市相生町 2249
TEL 0575-33-0621
http://kaminoshigoto.com/

亀の子束子西尾商店
東京都北区滝野川 6-14-8（本店）
TEL 03-3916-3231
http://www.kamenoko-tawashi.co.jp/

カワセ
TEL 0256-33-0532
http://kawase-net.jp/

銀葉
TEL 075-411-2060
http://www.rakuten.ne.jp/gold/ginyo/

cosha
TEL 089-921-3121
http://cosha.jp/store/

工房夢細工
TEL 0946-25-0273
http://yumezaiku.shop/

香老舗 松栄堂
京都市中京区烏丸通二条上ル東側（京都本店）
TEL 075-212-5590
http://www.shoyeido.co.jp/

【さ】**薩摩びーどろ工芸**
鹿児島県薩摩郡さつま町永野 5665-5
TEL 0996-58-0141
http://www.satuma-vidro.co.jp

篠原風鈴本舗
東京都江戸川区南篠崎町 4-22-5
TEL 03-3670-2512
http://www.edofurin.com/

下鴨神社
京都市左京区下鴨泉川町 59
TEL 075-781-0010
http://www.shimogamo-jinja.or.jp/

DESIGN SETTA SANGO
奈良県生駒郡三郷町立野南 1-24-5
TEL 0745-27-4574
http://www.designsetta.jp

東京大神宮
東京都千代田区富士見 2-4-1
TEL 03-3262-3566
http://www.tokyodaijingu.or.jp/

ところてんの伊豆河童
静岡県駿東郡清水町伏見 184-3
TEL 055-975-0100
https://www.izukappa.com/

戸田屋商店
東京都中央区日本橋堀留町 2-1-11
TEL 03-3661-9566
http://www.rienzome.co.jp/

とらや（銀座店）
東京都中央区銀座 7-8-6
TEL 03-3571-3679
www.toraya-group.co.jp

トリエ
大阪府大阪市中央区島町 1-1-2
TEL 06-6585-0335
http://torie-kimono.co.jp

【な】**中川政七商店**
TEL 0743-57-8095
https://www.nakagawa-masashichi.jp/

長谷園
三重県伊賀市丸柱 569（伊賀本店）
TEL 0595-44-1511
http://www.igamono.co.jp/

成田山圓能寺
東京都大田区山王 1 丁目 6-30
TEL 03-3771-1229
http://ennoji.or.jp/

にじゆら
大阪市北区中崎西 4-1-7 グリーンシティ 1 階 104
（大阪中崎町本店）
TEL 06-7492-1436
http://nakani.co.jp/

日本百貨店
TEL 03-6803-0373
http://nippon-dept.jp/

日本名門酒会
http://www.meimonshu.jp/

【は】**はきもの・きもの　弥生**
TEL 090-6052-5491
http://hakimono-kimono.shop-pro.jp

箔一
TEL 0120-009-891
http://hakuichi.jp/

白木屋傳兵衛
東京都中央区京橋 3-9-8 白伝ビル 1F
TEL 03-3563-1771
http://www.edohouki.com/

進誠堂
三重県鈴鹿市寺家 5-5-15
TEL 059-388-4053
http://www.suzukazumi.co.jp/

駿河なつかし堂
静岡県静岡市駿河区新川 1-14-23
TEL 054-283-4161
http://www.retro-kagu.jp

星燈社
東京都墨田区石原 3-7-7-101
TEL 03-6456-1953
http://seitousha.jp/

セラミックジャパン
TEL 0561-42-0182
http //www.ceramic-japan.co.jp/

soil
TEL 076-247-0346
http //soil-isurugi.jp/

【た】**台屋**
TEL&FAX 0256-34-5989
https //www.dai-ya.com/

大與
滋賀県高島市今津町住吉 2-5-8
TEL 0740-22-0557
http://warousokudaiyo.com/

タカタレムノス
東京都文京区大塚 3-7-14 シャノワール文京 1F
（ショールーム）
TEL 03-5981-8120
www.lemnos.jp

竹工房はなぶさ
静岡市葵区田町 1-15
TEL 054-273-0680
http://www.surugaya.com/

辻徳
京都市下京区堀川通り四条下る四条堀川町 271
TEL 075-841-0765
http://www.tsujitoku.net

筒井時正玩具花火製造所
福岡県みやま市高田町竹飯 1950-1（製造所）
TEL 0944-67-0764
http://tsutsuitokimasa.jp/

椿大神社
三重県鈴鹿市山本町 1871 番地
TEL 059-371-1515
http://tsubaki.or.jp/

みすや忠兵衛
京都市下京区松原通東洞院東入本燈籠町 20
TEL 075-365-0795
http://www.misuyabari.co.jp/

みよし漆器本舗
和歌山県海南市岡田 308-1
TEL 073-482-3514
https://www.rakuten.ne.jp/gold/miyoshi-ya/

めでたや
東京都武蔵野市吉祥寺本町 1-10-1
吉祥寺ロフト４階（和紙の店大直　LOFT 吉祥寺店）
TEL 0422-23-2673
https://www.rakuten.ne.jp/gold/medetaya/

もこのこ（正木屋材木店）
福島県いわき市常磐下船尾町古内 133
TEL 0246-43-6006
http://i-moconoco.com

【や】**弥満丈製陶**
岐阜県多治見市高田町 7-36
TEL 0572-22-1679
FAX 0572-22-1678

【ら】**ラウンドトップ／丸天産業**
TEL 084-941-8116
http://roundtop.jp

【わ】**和奏**
東京都千代田区神田神保町 3-7-1 ニュー九段ビル
3F（東京ショールーム）
滋賀県守山市古高町 477-15（本社）
TEL 077-582-2388
http://wa-kana.com

和敬静寂 / ヤマトナデシコツアー
FAX 048-650- 8820
http://www.wakei-seijyaku.jp/

和雑貨美輪
TEL 042-814-2631
https://www.urin-a.com/

輪島キリモト
石川県輪島市杉平町成坪 32
TEL 0768-22-0842
http://kirimoto.net/

和風館 ICHI
京都市中京区三条通柳馬場東入中之町 9-2
三条 ASAI ビル 1F（京都店）
TEL 075-211-8211
https://www.wafukan-ichi.jp/

倭物やカヤ
神奈川県横浜市中区山下町 165（本店）
TEL 045-680-0755
http://www.wa-kaya.jp/

火鉢の道具店
TEL 080-3154-6642
https://hibachiya.com/

廣田硝子
東京都墨田区錦糸 2-6-5
TEL 03-3623-4145
http://hirotaglass.shop-pro.jp/

藤木伝四郎商店
秋田県仙北市角館町下新町 45（本店）
TEL 0187-54-1151
http://denshiro.jp

ふりふ（渋谷マルイ店）
TEL 03-4521-0515
http://furifu.com/

文庫屋「大関」（浅草店）
東京都台東区浅草 2-2-6-1F
TEL 03-6802-8380
http://www.oozeki-shop.com/

星野工業
TEL 0289-65-5131
http://www.hoshino-kogyo.co.jp

堀口切子
TEL 050-3735-3755
http://www.kiriko.biz/

堀口だるま店
群馬県高崎市八幡町 602
TEL 027-343-6231
http://horiguchi-daruma.com

【ま】**前原光榮商店**
東京都台東区三筋 2-14-5（ショールーム）
TEL 03-3863-4617
http://maehara.co.jp/

松屋漆器店
福井県鯖江市河和田町 24-15
TEL 0778-65-0017
http://www.matsuya-j.com/matsuya/

丸川商店
三重県津市中央 6-2
TEL 059-253-7845
http://mrkw.jp

マルヒロ
佐賀県西松浦郡有田町戸矢乙 775-7
TEL 0955-42-2777
http://store.hasamiyaki.jp/

三浦照明
京都市東山区祇園町北側 284
TEL 075-561-2816
http://miurashomei.co.jp

みかわ工房
TEL 097-545-7662
http://hujikumi.com/

デザイン　佐久間麻理（3Bears）
撮影　寺岡みゆき（物撮り）、Sylvia Gunde
イラスト　RICO
料理・スタイリング　古賀史美
校閲　阿部千恵子

写真提供
古賀史美、稲井田将行（p22）、松林智子（p16）、PIXTA／deco（p9 中央）、pearlinheart（p18 下）、ERI（p43 上）、i-flower（p53 上）、涼然（p53 下）、ONOE（p75 右上）、アメリ（p75 左上）、robbie（p86 上）、ささざわ（p92 下）、夢華（p93 右下）、hitotsubatago（p93 左下）、君野倫子、他

＊本書の作成にあたり、多大なご協力をいただきましたメーカー及びショップの皆様に心よりお礼申し上げます。ありがとうございました。
＊本書の作成にあたり、さまざまな書籍やサイトを参考にいたしました。
＊本書の内容についてのご質問は郵便またはメール（info@futami.co.jp）にてお願いいたします。お答えできない場合もございますので、あらかじめご承知おきください。

わくわくほっこり
二十四節気《にじゅうしせっき》を楽《たの》しむ図鑑《ずかん》

著者　君野倫子《きみのりんこ》

発行所　株式会社二見書房
東京都千代田区神田三崎町２・18・11
電話　０３・３５１５・２３１１〔営業〕
０３・３５１５・２３１３〔編集〕
振替　００１７０・４・２６３９

印刷　株式会社堀内印刷所
製本　株式会社村上製本所

定価・発行日はカバーに表示してあります。
ISBN 978-4-576-17181-4
http://www.futami.co.jp